Leandro Narloch

# GUIA politicamente INCORRETO do Meio Ambiente

AVIS RARA

Avis Rara é um selo da Faro Editorial.



Diretor editorial PEDRO ALMEIDA

Coordenação editorial RENATA ALVES

Editora-assistente LETÍCIA CANEVER

Preparação TUCA FARIA

Revisão CARLA SACRATO E ANA PAULA UCHOA

Diagramação e imagens FLAVIO FRANCESCHINI

Dados Internacionais de Catalogação na Publicação (CIP)
Jéssica de Oliveira Molinari crb-8/9852

---

Narloch, Leandro
Guia politicamente incorreto do meio ambiente / Leandro Narloch. -- São Paulo : Faro Editorial, 2025.
256 p.

ISBN 978-65-5957-871-9

1. Meio ambiente – Aspectos sociais 2. Ecologia humana
3. Desenvolvimento sustentável 4. Impactos ambientais I. Título

25-3974 CDD 333.7

---

Índice para catálogo sistemático:
1. Meio ambiente – Aspectos sociais

FARO EDITORIAL

1ª edição brasileira: 2025
Direitos de edição em língua portuguesa, para o Brasil, adquiridos por FARO EDITORIAL.

Avenida Andrômeda, 885 — Sala 310
Alphaville — Barueri — SP — Brasil
CEP: 06473-000
www.faroeditorial.com.br

*Para Ivy, pelos melhores*
*e piores momentos*

# Sumário

HIPOCRISIAS RECICLADAS

# Apresentação

Na quarentena de 2020, meu filho mais velho, como milhões de crianças, teve que estudar de casa, pelo computador. E eu, como milhões de pais, acabei escutando as aulas enquanto trabalhava por perto. Descobri assim que boa parte do conteúdo não transmitia conhecimento – transmitia culpa.

Quando o tema da aula de geografia era a mineração, a professora falava da poluição, do desmatamento e do gasto de energia causados pela exploração da bauxita. O livro didático dizia que essa atividade "está associada à geração de divisas para o país e à instalação de polos industriais voltados à exportação, muitas vezes sem benefícios para a população local".

Não havia nada sobre como a leveza e resistência à corrosão do alumínio transformaram setores inteiros, como a fabricação de aviões. Hoje usado até para embalar sanduíches, o alumínio já custou mais que ouro – o imperador Napoleão III reservava talheres de alumínio para seus convidados mais importantes, deixando os de ouro e prata para os menos prestigiados. Isso mudou quando dois jovens, um francês de 23 anos e um americano de 22, descobriram, cada um a sua maneira, um método para purificar alumínio usando eletricidade.

Ao ouvir essas histórias, meu filho pareceu surpreso por existir alguma coisa interessante no meio de um assunto tão tedioso.

Quando a aula online passou para agricultura, o foco eram os impactos ambientais causados por máquinas, agrotóxicos e fertilizantes químicos, como a contaminação do solo e dos lençóis freáticos, o empobrecimento da biodiversidade e o avanço do desmatamento.

Era como se tudo o que os seres humanos fazem fosse errado. A mecanização do campo, a química, a produção em massa, tudo parecia um pecado, algo que tínhamos que lamentar e que exigia mudanças – nesse caso, para uma "agroecologia baseada em orgânicos, a rotação de culturas e a agricultura familiar".

Na mesma época, eu lia *O Triunfo da Cidade*, livro do economista Edward Glaeser sobre como as cidades são uma das grandes invenções humanas. Diminuem distâncias e o custo do transporte, facilitam a especialização, o comércio, a troca de ideias e a inovação.

Difícil haver maior contraste com uma lição de casa que meu filho era obrigado a fazer. Não me esqueço disso: uma folha de papel trazia a "urbanização" escrita grande no centro. A tarefa consistia em ligar essa palavra a diversos problemas das cidades: falta de planejamento, poluição, favelização.

O que mais me incomodava (e o que nos fez mudar meu filho de escola no fim daquele ano, para seu alívio) era o desperdício de oportunidades de encantamento. Tanta chance perdida de fascinar as crianças! O foco nos aspectos negativos – alguns reais, outros exagerados ou puramente falsos – não formava cidadãos conscientes. Formava desinteressados.

Aposto que você viveu algo parecido na escola. Boa parte da educação atual tira dos alunos qualquer interesse por geografia, economia ou história do mundo. Tenta colocar nos jovens um par de óculos problematizadores para fazê-los enxergar tudo de forma cinzenta, melancólica e culpada.

O objetivo deste livro é mostrar um outro mundo. Nossa relação com o meio ambiente tem problemas, sim – mas também aprendizados,

criatividade, superações e avanços que no passado as pessoas mal conseguiam imaginar. É possível admirar a civilização ocidental e ainda assim ligar para o meio ambiente. Dá para defender a natureza sem odiar o progresso. Dá para tratar de problemas ambientais sem culpar as crianças pelo crime de existir.

Nas próximas páginas, vamos sacudir alguns vespeiros – as crenças transformadas em dogmas pelos ambientalistas de fé, tabus que ninguém questiona sem ser acusado de herege, vendido ou negacionista. E vamos tentar entender como o ambientalista típico pensa – as falácias e os vieses nos quais ele tropeça. Com frequência, como veremos no capítulo sobre a Amazônia, essa visão de mundo empobrece as pessoas e o meio ambiente.

Não é uma tarefa fácil mexer nesses temas, porque não é só a escola que está contaminada com aquelas lentes problematizadoras. Elas também turvam a visão de boa parte da imprensa, de políticos, burocratas, de ONGs e representantes da Organização das Nações Unidas (ONU). Criam um mundo de falsos problemas, falsas soluções e ilusões coletivas – um filtro tão persistente que às vezes nem percebemos que estamos olhando através dele.

Será que você também foi afetado por esse filtro? Vamos descobrir. A seguir, há um teste de conhecimentos sobre clima e meio ambiente. Peço que o leitor pegue papel e caneta – ou anote no celular – a resposta para estas sete questões:

# TESTE DO FIM DO MUNDO

**1.** Entre 1850 e 2020, a temperatura média do planeta:

**A)** Aumentou
**B)** Diminuiu
**C)** Nem aumentou nem diminuiu

**2.** Na média global, o nível do mar está:

**A)** Aumentando
**B)** Diminuindo
**C)** Não há uma tendência clara de aumento ou diminuição

**3.** A frequência de tempestades, furacões e nevascas em todo o mundo está:

**A)** Aumentando
**B)** Diminuindo
**C)** Não há uma tendência clara de aumento ou diminuição

**4.** Já a frequência de inundações em rios ou regiões litorâneas em todo o mundo está:

**A)** Aumentando
**B)** Diminuindo
**C)** Não há uma tendência clara de aumento ou diminuição

**5.** No último século, o total de mortes causadas por eventos climáticos:

**A)** Aumentou mais de 100%
**B)** Aumentou até 100%
**C)** Permaneceu estável
**D)** Diminuiu até 50%
**E)** Diminuiu mais de 50%

**6.** Entre 1965 e 2021, acidentes em usinas de energia elétrica causaram a morte de pelo menos 176 mil pessoas. Em que tipo de usina foram esses acidentes?

**A)** Solar
**B)** Nuclear
**C)** Eólica
**D)** Hidrelétrica

**7.** Em qual das regiões marítimas abaixo há mais presença de lixo plástico?

**A)** Na região conhecida como A Grande Ilha de Plástico do Pacífico
**B)** Na costa francesa do Mar Mediterrâneo
**C)** Na Antártida
**D)** No meio do Atlântico Sul, entre o Brasil e a África

As duas primeiras perguntas são fáceis: sim, o planeta está esquentando e o nível do mar está subindo – levou quem marcou letra A. Um dos registros mais comprovados e repetidos na ciência é que a temperatura do planeta sobe desde os anos 1970 – de modo que já está mais alta que a de 1850. É o que mostram medições das mais diversas – tanto as de satélite quanto de flutuadores nos oceanos e estações em terra. Da mesma forma, o nível do mar está subindo em média 3 milímetros por ano.

Mas se o leitor assinalou a opção A para as perguntas 3, 4 e 5, sinto lhe dizer que errou. Apesar da incessante repetição da imprensa e de ativistas, a verdade é que o Painel Intergovernamental sobre Mudanças Climáticas (IPCC) não verificou tendências mundiais em tempestades, furacões, nevascas, tempestades de gelo, inundações, secas ou de clima propício a queimadas, além de outros fenômenos climáticos, como veremos no capítulo 6. Já as mortes causadas pelo clima despencaram 98% enquanto a população se multiplicou (capítulo 1).

Na pergunta 7, quem já ouviu falar da Grande Ilha de Lixo do Pacífico deve ter cravado A. Mas a resposta correta são as deliciosas águas do Mediterrâneo francês (capítulo 8). Ah, e daquelas quatro fontes de energia da questão 6, a que mais matou foi a hidrelétrica – dezenas de vezes mais que a nuclear, como veremos brevemente no capítulo 9.

Se o leitor errou algumas das questões acima, bem-vindo: esta obra foi feita sob medida para você. Se acertou tudo – parabéns, gênio do meio ambiente! Mas não feche o livro ainda: prometo uma leitura divertida e bons argumentos para os próximos debates em família.

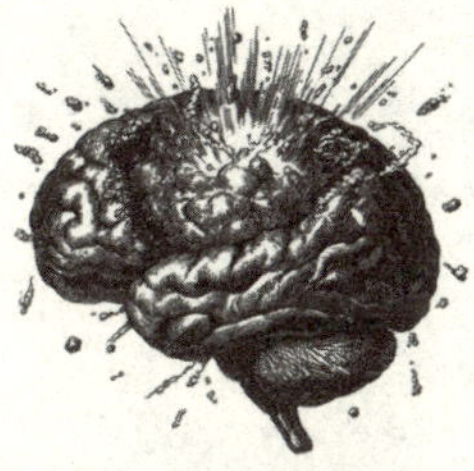

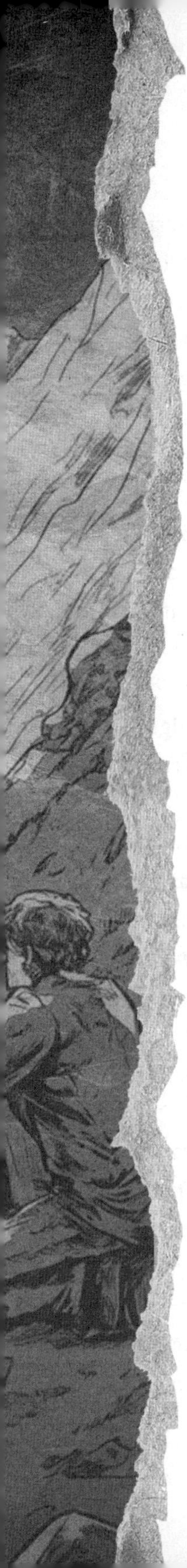

# 1. Ode ao óleo

## COMBUSTÍVEIS FÓSSEIS, OS HERÓIS DESPREZADOS DA HUMANIDADE

Biomassa interferindo na biomassa para gerar mais biomassa. Boa parte da história da vida na Terra cabe nessa frase. Desde as primeiras bactérias dos oceanos primordiais até o furioso poodle de minha vizinha, a vida foi um jogo incessante de matéria viva consumindo luz e matéria viva para criar matéria viva. Plantas, animais, fungos, bactérias: uns atacam, outros cooperam, se apoiam, parasitam, competem ou devoram os restos que outros devoradores abandonaram. Mas, de um jeito ou de outro, a vida foi sempre um jantar coletivo em que ninguém tinha certeza se era convidado ou refeição.

Não foi diferente quando nossa espécie entrou na festa. Desprotegidos nas savanas, fomos por muito tempo o feijão com arroz de crocodilos e tigres de dente-de-sabre. Do mesmo modo, para comer, precisávamos perseguir uma biomassa peluda cheia de carne e gordura, ou dar uma volta pela biomassa para coletar uma biomassa mais quietinha em forma de frutos, sementes ou raízes. Para nos aquecer, vestíamos a moda da época (biomassa de algodão, lã, peles) e queimávamos biomassa (galhos, troncos, folhas secas).

É verdade que também recorríamos a elementos fora do mundo vivo – pedras, metais e minerais, e água e vento para mover barcos e moinhos. Mas mexer nesse mundo inorgânico também exigia um bocado de biomassa, principalmente músculos para mover e talhar pedras, derrubar árvores, cortar a lenha e transformá-la em carvão para os fornos que aqueciam os metais.

Foi assim não só na Pré-História ou na Antiguidade. Até outro dia, poucos séculos ou algumas décadas atrás, precisávamos matar algum animal não só para comer, mas também para obter alguma distração ou conforto.

Nossos bisavós provavelmente usaram pentes ou armações de óculos feitos de tartaruga. O casco de tartarugas marinhas era cortado em lâminas finas e polido até virar um marrom que brilhava nos adereços dos cavalheiros e damas franceses da *belle époque*. Essa produção deixou vestígios. Até hoje uma espécie de tartaruga marinha se chama, em algumas línguas, "tartaruga-de-pente" devido a sua utilidade no passado. E muitos óculos ainda mantêm o padrão tartaruga, aquele marrom mesclado com manchas irregulares.

Para tocar piano, era preciso matar elefantes. As teclas brancas dos pianos de alta qualidade eram talhadas em marfim. Cada piano de concerto exigia até 10 quilos de marfim, ou seja, as presas de pelo menos dois elefantes africanos adultos. Só a Inglaterra importava, no auge desse mercado, cerca de 500 toneladas do produto por ano.

Até mesmo para brincar com um balão era preciso matar um animal – quase sempre um porco. A bexiga dele era cuidadosamente

> ANTES DOS PLÁSTICOS, PRODUZÍAMOS PENTES E ÓCULOS COM CASCOS DE TARTARUGA.

lavada, secada e untada com gordura para manter a flexibilidade. Depois, era inflada e amarrada com um barbante. Pequenos balões científicos e até preservativos primitivos eram feitos assim. Até hoje, em alguns idiomas, como o português, o espanhol e o inglês, "bexigas" são um sinônimo de "balões".

Como já dá para notar, a dependência tão intensa da biomassa causava um estrago gigantesco. Há 10 mil anos, quando toda a população do mundo era tão grande quanto a da zona leste da cidade de São Paulo (uns 4 a 5 milhões de pessoas), o ser humano dizimava ou contribuía com a extinção de dezenas de espécies de vertebrados. De 57 espécies conhecidas de mamíferos com mais de mil quilos que existiam há 130 mil anos, haviam sobrado apenas 11 até o ano 1000.[1]

A destruição continuou nos milênios seguintes, principalmente com as aves. Na Nova Zelândia, os maoris deram cabo da moa, uma ave gigante e sem asas. O dodô foi varrido da existência depois que portugueses e holandeses chegaram às Ilhas Maurício. E o pássaro-elefante, a maior ave já registrada, com mais de 3 metros de altura e 500 quilos, foi extinto pouco depois da chegada dos humanos à Ilha de Madagascar. Seus ovos, com mais de 30 centímetros, deviam ser deliciosos: arqueólogos encontraram muitas cascas deles entre artefatos humanos de cozinha.

Essa devastação prejudicava não só as espécies a nosso redor, mas nós próprios. Imagine quantas vezes na história não deve ter ocorrido a seguinte situação. Um grupo de nômades descobre um lugar cheio de peixes, aves mansas fáceis de capturar, árvores com boa lenha ou muito pasto para criar animais. O grupo deixa a vida errante e se estabelece por ali. Os anos passam em abundância; com comida de sobra, o pequeno grupo se torna uma civilização. Mas à medida que a população cresce e mais pessoas utilizam os recursos, mais rápido eles se esgotam. De repente, justamente quando a população atinge recordes, a luz do banquete se apaga.

Estudiosos suspeitam que foi assim que diversas sociedades entraram em colapso. No século X, vikings se estabeleceram na Groenlândia, e por 500 anos viveram numa boa caçando morsas. Comiam a carne e vendiam as presas de marfim para toda a Europa continental. Com o tempo as morsas começaram a escassear. Análises de artefatos medievais de marfim de morsas mostram que as mais recentes eram menores – sinal de que a população diminuía e era preciso capturar fêmeas ou filhotes. Os caçadores vikings provavelmente tiveram que ir cada vez mais perto do Ártico para caçar, até que não conseguiram mais encontrá-las. No século XV, desapareceram da Groenlândia. Da mesma forma, os maias da Península de Yucatán, os índios anasazi dos Estados Unidos, a população rapanui da Ilha de Páscoa e diversos outros povos devem ter sofrido com essa teimosia da natureza de não ser infinita.

Mesmo quando dávamos um jeito de sobreviver, a dependência da biomassa limitava nossa força. A potência de um homem adulto saudável gira em torno de 80 watts – podendo chegar a 400 watts em períodos curtos de esforço intenso. Uma potência tão baixa exigia deixar o aparelho ligado por muito tempo, ou seja: tínhamos que trabalhar muito para conseguir pouquíssimo resultado. Grandes obras, como a construção de estradas ou pirâmides, exigiam a exaustão de animais e de dezenas de milhares de trabalhadores, muitos deles escravos.

Para facilitar as coisas, os grupos humanos criavam equipamentos e máquinas de metal. Instalavam usinas de fundição perto de florestas com muita lenha para alimentar as fornalhas. Mas quando a metalurgia engrenava e indústrias começavam a surgir, já não havia mais floresta, nem lenha: o progresso emperrava de novo. Isso aconteceu em partes da China medieval, no Chipre, no Afeganistão e na região do Rio Tinto, na Espanha romana. Sob esses limites impostos pela biomassa, a vida estava determinada a ser pobre, cansativa e curta.

Então, algo extraordinário aconteceu. Um feito sem paralelo em toda a história da vida na Terra. Por meio de duas descobertas, o ser humano começou a se livrar dos limites impostos pela biomassa. Conseguimos satisfazer desejos, sanar necessidades, nos multiplicar e enriquecer num nível que ninguém acharia possível.

Primeiro, com a invenção da máquina a vapor, construímos uma ponte inédita entre a energia química e a energia mecânica. Até então, se você quisesse movimento, precisaria de algo que já estivesse em movimento - vento soprando, rio correndo, gente ou bicho puxando. Se quisesse calor, aí sim podia queimar madeira, carvão vegetal ou óleo de animais. Mas uma coisa não virava a outra: o calor não virava força, não empurrava nada. A máquina a vapor conseguiu transformar calor em movimento. Parecia mágica: você colocava objetos de um lado - e do outro a coisa começava a se mover.

Depois, para alimentar as máquinas a vapor, passamos a contar com uma nova fonte de energia - profunda, misteriosa, oculta nas entranhas do planeta. Descobrimos estranhos materiais negros e viscosos, resquícios de vida antiga, capazes de fornecer energia barata e abundante e de substituir milhares de matérias-primas animais. Foi assim que começou a revolução que moldou o mundo moderno: a revolução dos combustíveis fósseis.

## A benção da "fumaça do inferno"

O carvão mineral, o combustível que inaugurou essa nova ordem, foi um protagonista improvável. Não era nenhuma novidade: os chineses já o usavam desde a Antiguidade, tanto para aquecer casas quanto para forjar metais, mas tinham dificuldade para transportá-lo a longas distâncias. Na Inglaterra, registros mostram seu uso já no século XII. Mas era um combustível alternativo, visto com certo desprezo. Como exala uma fuligem malcheirosa, com enxofre, era chamado de "carvão sujo" ou "fumaça do inferno", usado apenas "pelos pobres sem dinheiro para comprar madeira", como disse um historiador.[2] As pessoas preferiam usar nos fornos o carvão vegetal, esse combustível mais agradável que ainda hoje usamos nos churrascos de fim de semana.[3]

A metalurgia e a fundição eram especialmente destruidoras de florestas, pois exigiam aquecer fornos a mais de 1.000 °C. Era difícil chegar a essa temperatura com a lenha, mas se ela fosse aquecida em ambientes sem oxigênio, transformando-a no carvão vegetal, dava certo. Mas haja madeira. Durante o Império Romano, o complexo de fundição de cobre e prata no Rio Tinto, na Espanha, consumia 750 hectares de florestas por ano.[4] Ao longo de 400 anos, foram 30 milhões de toneladas de madeira.

Usava-se tanta lenha e carvão vegetal que muitas vezes faltava madeira para fabricar móveis, barcos, rodas ou casas. Em 1548, os moradores de Sussex, na Inglaterra, imploraram ao rei para fechar as fornalhas de fundição: eles estavam sem matéria-prima até para construir barris. Em 1720, os ingleses queimaram 830 mil toneladas de madeira – o equivalente à devastação anual de 1.100 quilômetros quadrados de florestas – para produzir 17 mil toneladas de ferro. "Quando uma única fornalha era capaz de devastar, a cada ano, um círculo de floresta com cerca de 4 quilômetros de raio, fica fácil entender o impacto acumulado de dezenas delas ao longo de muitas décadas", diz o historiador de energia Vaclav Smil.[5]

A grande vantagem do carvão mineral, aliado à máquina a vapor, foi inaugurar uma era de retornos crescentes. Quanto mais se extraía, mais barato ficava. Diferente da lenha, que ia ficando escassa e cara à medida que as florestas eram derrubadas, o carvão formava uma espiral de abundância e eficiência.

DIFERENTE DA MADEIRA, QUANTO MAIS SE EXTRAÍA CARVÃO MINERAL, MAIS BARATO ELE FICAVA.

No começo, sua extração dependia do músculo – homens, mulheres e até crianças escavavam com ferramentas manuais e carregavam o minério em cestos, enquanto engenhocas movidas a tração animal, rodas d'água ou vento drenavam a água das minas. Mas a máquina a vapor, alimentada pelo próprio carvão, virou o jogo: passou a bombear a água, puxar os cestos, mover os trens que transportavam mais carvão. Carvão gerava máquina, máquina gerava carvão. O coque (derivado do carvão mineral) aquecia mais fornos, que geravam mais trilhos e locomotivas, que transportavam mais carvão. Entre 1770 e 1900, o consumo de carvão mineral na Inglaterra saltou de 10 milhões para 275 milhões de toneladas. Enquanto isso, o preço ajustado à inflação caiu mais de 30% – um feito que nenhuma energia renovável havia conseguido.[6]

Foi como achar uma bateria infinita debaixo dos pés: menos trabalho para cortar lenha, mais calor para fundir metais, mais ferro para erguer cidades, mais máquinas para substituir o esforço humano. Essa energia barata prolongaria vidas, encheria mesas de comida e abriria caminhos, permitindo que viajássemos, inovássemos e vivêssemos melhor do que qualquer geração anterior.

Outra vantagem da máquina a vapor é que ela não precisava ser fixa como os moinhos de água ou de vento. Se houvesse carvão na garupa, tinha liberdade para perambular por aí, se transformando numa geringonça ambulante. O advento dos trens e barcos a vapor, ao derrubar o tempo de viagem pela terra e pelo mar, quebrou um isolamento milenar entre humanos. Em vez de uma colcha de retalhos de comunidades isoladas, o mundo se conectou. O tempo para se cruzar o Atlântico não só caiu de oito semanas para apenas uma semana como ficou mais previsível e seguro. Como resultado, milhões de imigrantes italianos, portugueses, irlandeses e, como meus antepassados, poloneses e alemães tomaram coragem para tentar a sorte na América do Norte e do Sul. Regiões antes isoladas puderam se interligar por redes de especialização e comércio – o ingrediente número 00001 da prosperidade humana.

Considere um criador de gado da Argentina. Antes dos navios refrigerados, até dava para exportar proteína, mas só em forma de charque, aquele salgado duro feito para durar semanas em porão de navio e no prato do exército. Até que, em 1876, zarpou do Rio da Prata o *Le Frigorifique*, o primeiro navio com sistema de refrigeração a bordo. De repente, um bife de *chorizo* portenho chegou são e salvo ao paladar francês. A tecnologia permitiu que a Argentina fizesse o que sabia fazer melhor: criar gado em seus campos planos e infinitos. Já os europeus podiam comprar carne melhor e mais barata.

Entre 1875 e 1914, a Argentina se tornou um dos países que mais cresciam no mundo, com renda per capita entre as maiores do planeta (os franceses, para falar de alguém endinheirado, chegaram a usar a expressão "rico como um argentino"). Já o consumo de carne entre os franceses passou de 20 quilos por ano no começo do século XIX para 80 quilos hoje. Boca Juniors e Paris Saint-Germain entraram em campo – e os dois ganharam.

Mas ainda era só o começo. O consumo de carvão seguiria crescendo, mas cederia o papel de protagonista daquela revolução para os derivados do petróleo. A gasolina, o diesel e o gás natural se mostrariam muito mais limpos e eficientes, especialmente para o transporte. O curioso é que eles surgiram meio por acaso, como rejeitos, sobras da produção de um combustível de iluminação criado para substituir o óleo de baleia.

## A falta de baleias deu força ao petróleo

O balneário de East Hampton, no estado de Nova York, é hoje repleto de mansões de celebridades – Sylvester Stallone, Beyoncé e meu herói Jerry Seinfeld têm casas ali. A situação era um pouco diferente em 1674. Em abril daquele ano, as autoridades da cidade decidiram dar um basta aos "odores desagradáveis e repulsivos" de gordura queimada e dos restos de baleia abandonados pelas praias. Determinaram que "todos os restos de baleia que estiverem nos diversos locais de cozimento dos homens deverão ser enterrados até o dia 15 deste mês, sob pena de multa de 5 xelins".[7] Por mais asqueroso que fosse o ambiente, ninguém cogitava abandonar a caça de baleias. Pelo contrário: a atividade era tão importante para a economia local que os diretores da escola de East Hampton recebiam ordens para liberar os meninos das aulas no inverno e no começo da primavera, garantindo que houvesse braços suficientes para a matança.

Muito antes dos arpões de ferro e dos navios industriais, povos costeiros já perseguiam esses gigantes do mar. Petróglifos neolíticos da Coreia mostram cenas de baleias cercadas por barcos há mais de 5 mil anos. Povos do Ártico, como os inuits, já caçavam baleias desde 3000 a.C., usando cada parte do animal para sobreviver no frio extremo. Na Idade Média, os bascos chegaram a estabelecer estações baleeiras até no Canadá e na Islândia; os aleutas do Alasca usavam dardos envenenados disparados de caiaques.

No século XIX, o "óleo de peixe", como se chamava o óleo produzido a partir da grossa camada de gordura das baleias, era um combustível comum da iluminação pública. Alimentou os lampiões das ruas de Paris, Nova York, São Paulo, Rio de Janeiro, Porto Alegre, Mumbai, Xangai ou Honolulu e dezenas de outras. Para velas de alta qualidade, havia outras substâncias. Uma delas era a cera de palma com estearina, um aditivo extraído do óleo de palma que aumentava a dureza, o odor e o tempo de queima das velas. Outra era o espermacete, a substância branca e oleosa encontrada na cabeça das baleias cachalotes. Velas com esse material "forneciam uma luz branca e limpa; suas gotas não deixam manchas de gordura como as velas comuns", como escreveu Benjamin Franklin em 1751.

Quando as baleias começaram a faltar, alguns exploradores apelaram para os pinguins. Como as baleias, pinguins têm uma camada de gordura para protegê-los do frio – a fonte de óleo para iluminação. Em 1867, uma expedição de quatro barcos britânicos para o Atlântico Sul produziu mais de 200 mil litros de óleo de pinguim. Como cada ave rende em média meio litro de óleo, é possível estimar que só aquela expedição matou 400 mil pinguins. Então o carvão mineral entrou em cena.

Não exatamente o carvão, mas o gás extraído dele, chamado "gás de hulha" ou "gás de cidade", que passou a ser usado para a iluminação pública. Relatos deixam clara a percepção da época de que o gás substituiu a gordura animal. "Parece que ouvimos o riso das baleias", disse uma sátira num jornal de 1852. "O Sr. Spermaceti talvez esteja agora, com sua imponência, cutucando meia dúzia de suas esposas e sussurrando: 'Fiquem em paz daqui pra frente, minhas queridas! Aproveitem à vontade as lulas saborosas! Nada mais de arpões, nada mais de correria, nada mais de situações difíceis! Eles inventaram um tal de gás que eu não sei muito bem o que é – só sei que não é gordura'."[8]

Outro substituto apareceu em 1840: o querosene. Brilhava mais, poluía menos e custava menos que a maioria dos combustíveis da época. Sua matéria-prima era um líquido negro, viscoso e malcheiroso que brotava do chão. Assim como o carvão mineral, o petróleo já era conhecido havia séculos, mas ninguém o levava muito a sério. Servia como argamassa, verniz de construção ou era vendido como "óleo de Sêneca", um elixir contra dor de cabeça e picada de cobra. Foi o querosene que finalmente deu ao petróleo uma função digna.

A descoberta de poços de petróleo na Pensilvânia, em 1859, foi vista na época como uma boa notícia para as baleias. A revista americana *Vanity Fair* publicou uma estranha charge sobre isso. Num salão de baile, baleias com smoking e vestidos de gala dançam, bebem espumante e conversam alegremente, sendo servidas por sapos-garçons. *Óleo mineral sempre acaba legal!*, diz uma faixa ao fundo do salão. A legenda da charge explica: *Grande baile oferecido pelas baleias em homenagem à descoberta do poço de petróleo na Pensilvânia.*

Há uma rica discussão hoje sobre a real influência dos combustíveis fósseis na caça às baleias – não é tão simples dizer que elas foram salvas pelo carvão ou pelo petróleo. Na época, porém, diversos relatos apontam nesse sentido. "Muitos baleeiros abandonaram seus navios e partiram para a Pensilvânia, felizes por deixar uma indústria em declínio para se juntar a outra em plena ascensão", escreveu o biólogo Eric Jay Dolin. "Um escritor chegou a dizer que o 'número de caçadores de baleias e ex-comerciantes de óleo de baleia agora envolvidos no negócio do petróleo... é algo bastante notável'." Foi para produzir querosene, um concorrente ao óleo de baleia, que começou a exploração comercial de petróleo nos Estados Unidos.

**ENTRE OS REJEITOS DA DESTILAÇÃO DE QUEROSENE ESTAVA TODO O SÉCULO XX.**

O mais importante dessa história é a cascata de consequências inesperadas que surgiu a seguir. A produção de querosene ocorre por destilação fracionada, um processo que separa os diversos componentes do petróleo conforme seus pontos de ebulição, dando origem tanto a gases quanto a líquidos mais finos ou mais densos. No século XIX, o querosene era o filé: queimava limpo e iluminava bem. Mas o resto da massa petrolífera foi por alguns anos visto como lixo inútil, ou porque não pegava fogo ou porque era volátil e inflamável demais. Levou alguns anos até se descobrir que naqueles rejeitos estava todo o século XX.

Aos poucos, engenheiros começaram a olhar para aqueles materiais com outros olhos. As frações mais densas do petróleo foram aproveitadas como asfalto e óleo lubrificante. Já as mais voláteis, como a gasolina e o diesel, passaram a alimentar uma nova máquina: o motor a combustão. Mais leve, eficiente e compacto que a máquina a vapor, o motor a combustão, a gasolina e a diesel, podia ser instalado em geringonças ambulantes menores, mais ágeis e versáteis: carruagens, motos, tratores, caminhões, tanques e ônibus. De repente já tinha gente instalando os motores em máquinas que voavam. Melhor ainda, por serem mais baratas, essas máquinas podiam ser fabricadas em massa.

Assim como aconteceu com o carvão mineral, a grande vantagem do querosene, da gasolina e do óleo diesel estava nos ganhos de escala. Bastava que houvesse um bom investimento inicial para iniciar uma produção. Foi isso que empresários como John D. Rockefeller entenderam ao organizar grandes empreendimentos como a Standard Oil. Reunindo muito dinheiro e tecnologia, eles derrubaram os custos. O preço do querosene caiu de 58 para 26 centavos entre 1865 e 1870; o da gasolina despencou cerca de 80% em apenas duas décadas.[9] Pagando cada vez menos, as pessoas tiveram acesso à gasolina, um líquido barato, portátil, que pode ser carregado sem muito risco de explosão e tão energético por litro quanto 34 bastões de dinamite.[10]

Um feito ainda mais transformador dos combustíveis fósseis foi viabilizar a produção em massa de materiais que moldaram o mundo moderno. O aço, que exige fornos de altíssima energia, tornou-se barato o bastante para erguer ferrovias e, junto ao cimento, formar o concreto de pontes, arranha-céus e barragens. O alumínio, cuja fabricação consome eletricidade em escala colossal, também só se popularizou com a energia abundante e barata. Hoje esses materiais estão presentes até em sociedades isoladas – numa foto aérea de 2020 de indígenas da Amazônia supostamente sem contato com o mundo exterior, é possível ver uma panela de alumínio e um facão de aço. Mas houve ainda um outro material que transformou radicalmente nosso cotidiano – o mais amado e odiado de todos os materiais.

## Os plásticos substituíram elefantes e tartarugas

Dos gases e da nafta liberados na destilação do petróleo saíram não só combustíveis, mas também os ingredientes de uma nova família de materiais: os plásticos. O químico e inventor Leo Baekeland deu o primeiro passo em 1907. Ele criou o baquelite, o primeiro plástico totalmente sintético. Ainda mais importante que essa invenção, Baekeland acendeu a fagulha da imaginação dos químicos à possibilidade de criar materiais inteiramente artificiais.

Começou assim uma corrida científica entre as grandes empresas químicas em busca de novos materiais. Quase todos os polímeros que estão aí a seu redor, em seu celular ou em suas roupas, surgiram entre os anos 1920 e 1950: a DuPont criou o náilon, o neoprene e o teflon; a General Electric patenteou o poliéster; a BASF criou o isopor; subsidiárias da Bayer foram pioneiras do poliuretano e do policarbonato. De repente, o mundo estava repleto de materiais moldáveis a baixas temperaturas, resistentes a água, leves, versáteis, duráveis e baratos, ridiculamente baratos.

Foi o preço que fez o plástico conquistar o mundo. Com a popularização dos carros e da gasolina, o refino de petróleo produzia montanhas de sobras – milhões de toneladas das matérias-primas dos plásticos. Como esses subprodutos eram abundantes e tinham pouca utilidade, valiam pouquíssimo. Era matéria-prima quase de graça. O modelo de produção dos plásticos também derrubava os preços. Não exigia esculpir ou tornear produtos um a um, como se fazia, por exemplo, com peças de xadrez feitas de madeira ou de chifres. O método de injeção plástica em moldes permitia que pequenas indústrias fabricassem milhares de unidades idênticas em poucos dias.

Os plásticos são formados por moléculas enormes, compostas por muitas subunidades repetidas. Como essas moléculas não conseguem penetrar nas células do corpo humano, são pouquíssimo tóxicas. Por isso os plásticos puderam ser usados para embalar alimentos, transportar sangue, canalizar água potável, como mordedores de bebês e mamadeiras, e até para a manipulação de gametas humanos em laboratórios de fertilização. Nós até comemos plástico – ou melhor, mascamos: a goma-base dos chicletes é um polímero sintético.

Os plásticos ajudaram a aliviar a pressão sobre a natureza, substituindo materiais que antes vinham de animais e plantas. Em vez de marfim de elefantes, passamos a jogar sinuca com bolas de resina de poliéster. Em vez de meias feitas pelo bicho-da-seda, meias de náilon produzidas em massa. Em vez de barbatanas de baleia nas armações de chapéus e de saias, polipropileno. Os polímeros substituíram tanta matéria-prima animal que é melhor resumir essa revolução numa tabela:

| PRODUTO | COM O QUE ERA FABRICADO | COM O QUE PASSOU A SER FABRICADO |
|---|---|---|
| Meia-calça | Bicho-da-seda |  Plásticos |
| Pentes e presilhas | Madeira, ossos, casco de tartarugas | |
| Bolas de sinuca | Marfim de elefantes | |
| Espartilhos e armação de saias | Barbatanas de baleia | |
| Estrutura de chapéus | Barbatanas de baleia | |
| Escovas | Barbatanas de baleia | |
| Cola | Gordura de baleia | |
| Cordas de raquetes | Tripas de carneiros | |
| Pegador de talheres | Chifres bovinos, marfim | |
| Botões | Madrepérola, chifres e ossos | |
| Discos de vinil | Goma-laca (resina natural de secreção de insetos) | |
| Embalagens | Papel, algodão, juta | |
| Isolante elétrico | Borracha | |
| Óculos de sol | Vidro, madeira, marfim, cascos de tartaruga | |
| Brinquedos | Madeira, pano, metal | |
| Sacolas | Algodão, juta, papel | |
| Capas de chuva | Borracha natural | |
| Roupas e dispositivos médicos | Seda, algodão, peles | |
| Balões | Bexiga de animais; borracha | |
| Canetas | Penas de ganso | |
| Miniaturas | Chumbo, marfim | |
| Teclas de piano | Marfim | |
| Peças de xadrez e dominó | Marfim | |
| Agulhas de crochê e tricô | Marfim | |
| Casacos para o frio | Peles e couro de animais | |
| Empunhaduras de bengalas e guarda-chuvas | Marfim | |

> O MATERIAL QUE MAIS PERMITIU AOS VEGANOS LEVAR UMA VIDA SEM TANTA EXPLORAÇÃO ANIMAL NÃO FOI O TOFU. FOI O POLIETILENO.

Quando o plástico passou a ser usado na fabricação de pentes e armações de óculos, a caça às tartarugas marinhas começou a perder força. Hoje, quatro das cinco populações regionais de tartarugas-verdes estão em crescimento. Em Cabo Verde, por exemplo, o número de ninhos saltou de 500 para 35 mil entre 2008 e 2020.[11] Em cidades litorâneas, antigos caçadores se tornaram guias de ecoturismo, levando visitantes para observar os ninhos. Quem diria: o plástico dos canudinhos, hoje tratado como vilão das tartarugas, teve um papel decisivo para evitar sua extinção.

É curioso que os veganos, tão avessos a materiais feitos de animais, não demonstrem nenhuma gratidão pelo plástico. O material que mais permitiu uma vida sem tanta exploração animal não foi o tofu. Foi o polietileno.

## Batatas fritas feitas de petróleo

Quando o tema é Revolução Industrial, os livros didáticos de história gastam muitas linhas sobre as máquinas, as minas e a situação dos operários, e nada sobre um grande mercado da época – o mercado de estrume.

Até boa parte do século XX, quando máquinas ambulantes proliferavam pelas ruas e pelos céus, um gargalo de tecnologia teimava em evoluir. Ainda adubávamos as plantações com um tipo especialmente malcheiroso de biomassa – esterco de cavalo, de boi e de galinhas.

Com quase 300 mil cavalos no auge do século XIX, Londres era uma Arábia Saudita da biomassa fecal. Os animais geravam mais de 2 mil toneladas de estrume por ano. No começo, em busca do nitrogênio desse material, agricultores chegaram a travar contratos formais de compra de estrume. Mas quando o número de cavalos subiu demais, a oferta de esterco ficou tão alta que o preço chegou a zero – na verdade ficou negativo, pois donos de estábulo passaram a pagar para alguém levar o estrume embora. Também se adubava a terra com fezes humanas – nos anos 1850, houve em Londres um debate público sobre a possibilidade de utilizar o esgoto que caía no Tâmisa como adubo, financiando os custos das obras de saneamento.[12]

A fome por nitrogênio não parava por aí. Os maiores navios da época cruzavam o oceano em busca do guano, uma camada de fezes de aves marinhas acumuladas por séculos nas ilhas áridas da costa do Peru. Riquíssimo em nitrogênio, fósforo e potássio, o guano era uma espécie de ouro marrom do século XIX — um produto tão estratégico que causou conflitos diplomáticos e até uma guerra entre o Chile, a Bolívia e o Peru. Depois foi a vez do salitre, o "nitrato de potássio", um sal natural riquíssimo em nitrogênio extraído do Deserto do Atacama, que se tornou a principal fonte de fertilizante e também de explosivos. Cidades do norte do Chile, como Iquique e Antofagasta, floresceram com a exportação de nitrato, financiando teatros, bondes elétricos e edifícios em estilo europeu no meio do deserto.

Por mais que o nitrogênio esteja em toda parte (compõe 78% do ar que respiramos), ele não é assimilável pelas plantas em sua forma gasosa. Durante décadas, os cientistas tentaram dar um jeito de capturar esse elemento volátil e transformá-lo em pó, cristal ou líquido – algo que coubesse numa saca de fertilizante e pudesse ser espalhado sobre os campos de cultivo. E conseguiram.

Em 1909, o químico alemão Fritz Haber descobriu que, se botasse átomos de nitrogênio e hidrogênio para trocar uma ideia em ambientes de alta pressão, eles se uniriam em moléculas estáveis de amônia ($NH_3$). Pela primeira vez, alguém tinha conseguido capturar nitrogênio do ar e transformá-lo em adubo. Mas era preciso arranjar uma fonte dos átomos de hidrogênio para essa reação. A solução veio, mais uma vez, dos combustíveis fósseis. O gás natural (metano) é aquecido com vapor d'água a 800 °C, liberando monóxido de carbono, dióxido de carbono e hidrogênio. O metano, nesse caso, não serviu para mover carros nem iluminar as ruas, mas para multiplicar a comida.

Com a adubação sintética à base de combustível fóssil, os grãos brotavam tão pesados que resultaram em outro problema: o caule das plantas não aguentava tanto peso e envergava. Foi preciso que agrônomos criassem espécies anãs para dar conta da carga. Quando a combinação de seleção artificial de espécies e fertilizantes artificiais se espalhou pelo mundo, a partir dos anos 1960, a fome foi varrida do mapa. Deu lugar ao problema oposto: o excesso de comida e a epidemia de obesidade. Estima-se que, hoje, 40% da população mundial só está viva porque os fertilizantes nitrogenados tornaram possível alimentá-la.

O nitrogênio sintético, aliado aos tratores e colheitadeiras, tornou a produção de alimentos um processo muito menos penoso (*veja o quadro na página 35*). Em 1800, a colheita de uma tonelada de trigo exigia 30 horas de trabalho. Era preciso suar muito para colher pouco: dois terços da população trabalhavam produzindo alimentos. Nos Estados Unidos, as assembleias do Congresso chegaram a entrar em recesso na época de colheita, pois muitos parlamentares tinham que voltar para casa para trabalhar na roça. Hoje, a colheita da mesma tonelada de trigo exige 90 minutos de trabalho – uma redução de 90%. Na maioria dos países desenvolvidos menos de 3% das pessoas trabalham em fazendas.[13]

Além de trabalho, poupamos área. Os fertilizantes à base de combustíveis fósseis nos tornaram capazes de produzir muito mais no mesmo espaço de cultivo. No século XX, enquanto a população humana cresceu 275%, a área de cultivo cresceu somente 40%. A produção de arroz no Brasil aumentou 43% entre 1980 e 2020, mas a área destinada a esse cultivo caiu mais de 50%. A colheita de milho se multiplicou por cinco, enquanto a área de cultivo se multiplicou por 1,5. Só esse aumento da produtividade do milho evitou a ocupação de 38 milhões de hectares – uma área maior que todo o Japão. Se a agricultura já pressiona as florestas hoje, imagine se o mundo todo voltasse ao método de cultivo tradicional e orgânico de nossos bisavós. Nesse caso, uma área equivalente a toda a América do Sul teria que virar campos agrícolas.

Por muito tempo, as pessoas acreditaram que a capacidade de bocas que a Terra poderia alimentar era proporcional às áreas cultiváveis. Felizmente, como disse o cientista ambiental Howard Odum, isso se revelou um engano, "já que o homem industrial deixou de comer batatas feitas com energia solar. Ele agora come batatas fritas feitas parcialmente de petróleo".

## A agricultura sem combustíveis fósseis

Ao percorrer áreas pobres da zona rural da Índia entre 1993 e 2002, o fotógrafo P. Sainath se impressionou com mulheres trabalhadoras do campo que passavam o dia todo curvadas – plantando sementes, removendo ervas daninhas ou praticando a colheita manualmente. Algumas, depois de tantos anos nessa posição, tinham a postura deformada. Doenças de pele eram muito comuns, além de cortes e lesões provocadas por foices e facões. Menos comuns eram os cuidados médicos. A mulher que mais o impressionou, dona de uma pequena terra, permanecia curvada até mesmo quando descansava.

"Mesmo nesse momento ela não se preocupava em ficar ereta", disse o fotógrafo. Essas imagens derrubam o misticismo que muitas pessoas sustentam sobre a agricultura artesanal ou tradicional. Quando as pessoas não têm acesso a fertilizantes sintéticos, nem tratores ou colheitadeiras movidas a diesel, o trabalho é tão pesado que chega a deformar o corpo. Ao tornar o trabalho manual desnecessário, a química e a mecanização do campo liberaram milhões de pessoas do trabalho pesado – e permitiram que se dedicassem a trabalhos mais tecnológicos, intelectuais e criativos.[14]

## Quase dois séculos de combustíveis fósseis: o resultado

Desde que os combustíveis fósseis ingressaram em nossa vida, a produção de energia no mundo se multiplicou por trinta:

### EXPLOSÃO DE ENERGIA

Consumo mundial de energia (incluindo transporte), em **terawatts-hora (TWh)**.

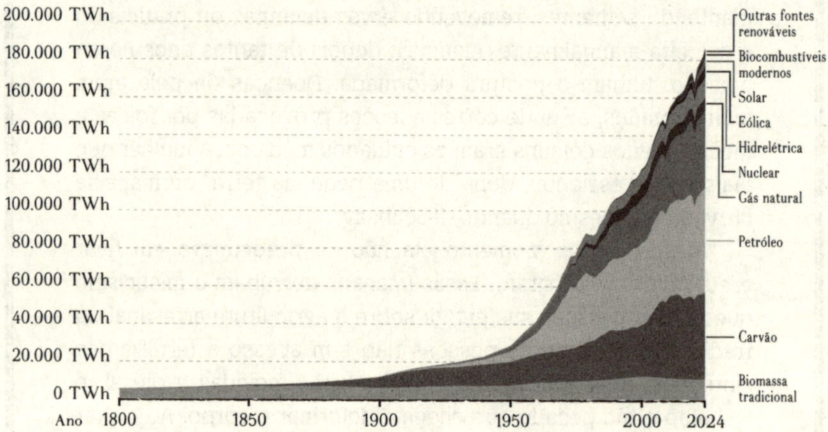


Fonte: Energy Institute - Statistical Review of World Energy (2025); Smil (2017); Our World in Data

Durante essa explosão de energia, a população humana, que passou milênios meio estacionada em 500 milhões de pessoas, deu um salto similar:

## EXPLOSÃO DE VIDA

A população mundial desde o ano 1000

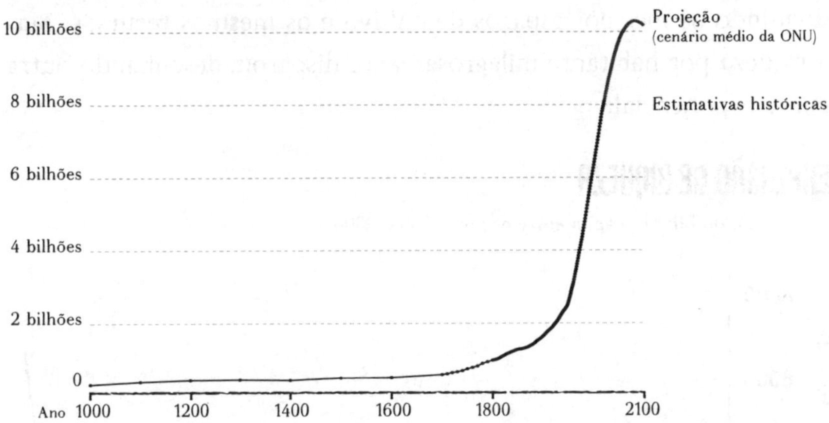


Fonte: YDE (2023); Gapminder (2022); UN WPP (2024); UN WPP (2024); Our World in Data

A expectativa de vida, que passara milênios estagnada em trinta anos, mais que dobrou:

## O TRIUNFO DA LONGEVIDADE

Expectativa de vida ao nascer

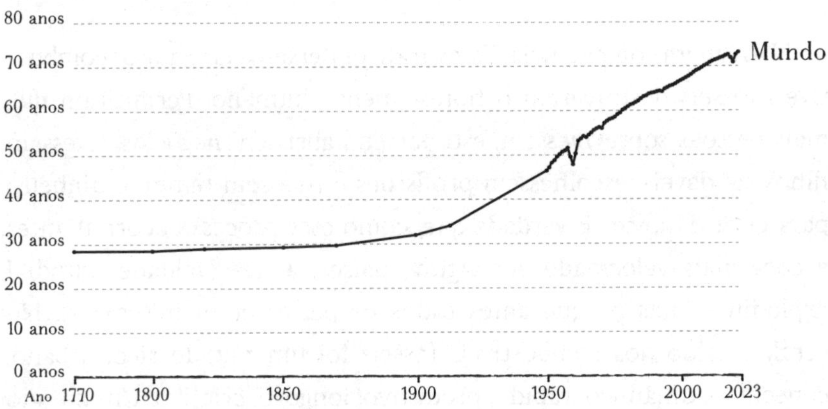


Fontes: Riley (2005); Zijdeman et al. (2015); HMD (2024); UN WPP (2024); Our World in Data

Uma pessoa do século XIX imaginaria que um aumento tão absurdo da população causaria uma imensa miséria – afinal, seria mais gente dividindo os mesmos espaços de cultivo e os mesmos recursos. Mas a riqueza por habitante milagrosamente disparou, desenhando outra curva exponencial:

## EXPLOSÃO DE RIQUEZA

A evolução do PIB per capita entre os anos 1000 e 2000

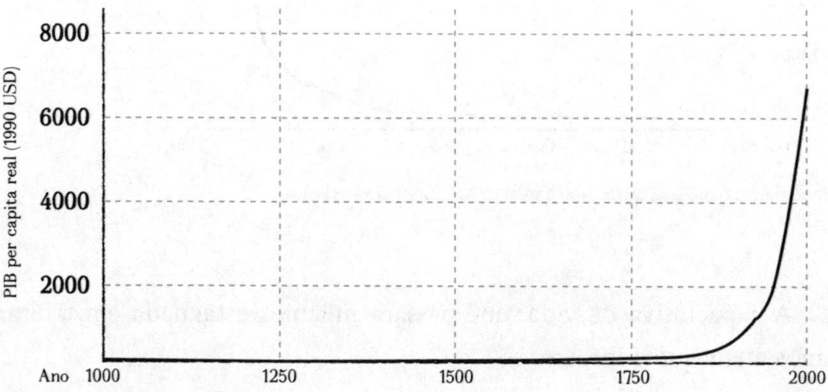


Fontes: Eurostat, OECD, and World Bank (2025); Bolt and van Zanden - Maddison Project Database 2023; Maddison Database 2010; Our World in Data

Não é mera coincidência. Esses gráficos deixam claro que os combustíveis fósseis destravaram o florescimento humano. Permitiram que mais pessoas sobrevivessem, estudassem, abrissem negócios, tivessem filhos saudáveis, escolhessem profissões e tivessem tempo e dinheiro para criar e inovar. É verdade que, como esse processo ocorreu antes e com mais velocidade em alguns países, a desigualdade mundial explodiu – mas porque antes todos os países eram miseráveis. No geral, o saldo dos combustíveis fósseis foi um mundo rico, urbano, conectado, dinâmico, rápido, produtivo, longevo, criativo. Um mundo muito mais interessante.

O saldo também foi positivo para o meio ambiente?

Não é uma resposta simples. Apesar de o carvão ter entrado em cena para resolver a falta de lenha e querosene para ocupar o lugar das velas de cera e do óleo de baleia, o impacto geral não foi tão positivo assim (do ponto de vista estritamente ambiental). O carvão e o petróleo permitiram que a população humana crescesse tanto e ficasse tão rica que a capacidade de intervir na natureza se multiplicou de forma igualmente avassaladora. Com motores e máquinas de aço, ficamos muito mais hábeis em derrubar florestas, extrair minérios ou caçar baleias.

A revolução dos combustíveis fósseis é geralmente retratada como uma transição, mas o que tivemos foi acúmulo. Como afirma o historiador francês Jean-Baptiste Fressoz no livro *More and More and More*, é um mito enxergar a história da energia como sequência de transições, com uma nova fonte substituindo a anterior. A transição pode ocorrer em termos percentuais, mas, em termos absolutos, poucas fontes de energia encolheram – as novas apenas se somaram às antigas. O carvão mineral substituiu a lenha e o carvão vegetal? Por um lado, sim. Por outro, as minas de carvão exigiam escoras de madeira importada – só para essa função a Inglaterra usava mais madeira no começo do século XX que um século antes. Do mesmo modo, os trens eram movidos a carvão – mas seus trilhos se apoiavam em dormentes de madeira. Só as ferrovias americanas usavam 120 milhões de dormentes por ano.[15]

Os combustíveis fósseis são exemplos de como inovações ou novos materiais raramente são 100% benéficos ou prejudiciais para o meio ambiente. Muitas vezes provocam um efeito ambivalente: causam a melhoria de alguns aspectos, mas agravam outros. Solucionam problemas do presente mas criam problemas no futuro. O querosene e a gasolina ajudaram a aposentar o óleo de baleia e as velas de espermacete (que já sofriam concorrência das velas de cera de palma). Por outro lado, o motor a diesel equipou barcos baleeiros mais potentes, que levaram a caça a baleias a um nível industrial no século XX (*veja quadro na página 41*).

Essa ambivalência acontece até mesmo em relação ao clima. Talvez o leitor já tenha ouvido falar que os combustíveis fósseis causam a emissão de um bocado de dióxido de carbono na atmosfera. Como esse gás retém parte da radiação solar, tem o efeito de esquentar o planeta. Mas há um lado que pouca gente lembra: a prosperidade movida a combustíveis fósseis nos tornou muito mais resistentes ao clima.

Com energia barata, versátil e abundante, enriquecemos e inovamos o suficiente para morar em casas de cimento e concreto, construir barragens e sistemas de irrigação e não precisar mais nos preocupar com a falta de comida. Por causa disso as mortes causadas por eventos climáticos (secas, enchentes, furacões, ondas de calor e frio, entre outros) caíram mais de 90% nos últimos 100 anos, mesmo com a população mundial crescendo 400%. Em 1920, morria quase meio milhão de pessoas por ano por causa do clima. Hoje, esse número está abaixo de 20 mil. Para ser mais específico, a taxa de mortalidade climática caiu mais de 98%. No começo do século XX, a chance de morrer em eventos climáticos era 50 vezes maior do que 100 anos depois.[16] Esse é um interessante paradoxo da mudança climática: o mesmo fenômeno que mexeu com o clima nos tornou mais protegidos do clima.

Quando os combustíveis fósseis dominaram o mundo, o aquecimento global e as emissões de carbono não eram uma questão. Na verdade, até meados dos anos 1970, uma grande preocupação dos cientistas era o esfriamento global. Mas considerando que agora conhecemos o efeito colateral dos combustíveis fósseis no efeito estufa, deveríamos parar de utilizá-los o mais rápido possível?

# O segredo soviético das baleias

Apesar de o petróleo ter reduzido a demanda por óleo de baleia, a caça continuou no século XX – e, pior, com barcos a vapor e a diesel que atingiam velocidades maiores e assim caçavam baleias com muito mais facilidade. Na Noruega e no Japão, a caça ganhou força, movida pelo mercado de barbatanas e ainda do óleo, desta vez usado para a produção de margarina. Esse mercado só acabou de verdade com a invenção do plástico e da gordura vegetal.

Foi a União Soviética o maior predador de baleias do século XX. Depois da Segunda Guerra Mundial, a caça industrial foi impulsionada pela desesperada necessidade por gorduras, especialmente para margarina, e mais tarde por dinheiro através de exportações. As autoridades soviéticas falsificaram sistematicamente as estatísticas de captura, reportando um número menor do que realmente matavam, a fim de manter sua cota internacional e esconder a verdadeira devastação. Em 1975, o Greenpeace chegou a trombar com um navio baleeiro soviético perto da costa da Califórnia. Houve uma controvérsia momentânea, mas a verdade só veio à tona em 1991, com a dissolução da União Soviética. Descobriu-se que os soviéticos haviam caçado mais de meio milhão de baleias desde a Segunda Guerra, cerca de 170 mil baleias a mais do que haviam relatado. Quando alguém te falar que para salvar o meio ambiente é preciso destruir o capitalismo, você pode contar essa história.

## Deveríamos parar de usar combustíveis fósseis?

Se seu único critério for eliminar a todo custo o impacto humano no clima, provavelmente sim. Por mais que a gente não viva uma "emergência climática" (como veremos a seguir), as emissões de carbono fortalecem o efeito estufa. Mas se além do impacto humano você tiver em mente outros critérios, como o fim da pobreza, a resposta, pra variar, é mais complicada.

Ainda hoje, a revolução dos combustíveis fósseis não se completou. Pelo menos 2 bilhões de pessoas vivem como a Inglaterra do século XVIII – queimando lenha, precisando desesperadamente de energia barata, abundante, confiável e versátil. Se já ocorrem mortes quando um hospital fica poucas horas sem energia, imagine o hospital – e a cidade inteira – sem energia o ano todo. As crianças que morrem prematuramente, os acidentados que, por falta de carros e de gasolina, não chegam a tempo. É moralmente correto impedir que países pobres tenham acesso à energia barata que permitiu a outros países enriquecer? Essa é uma questão que não pode ser respondida só por cientistas climáticos, pois envolve dilemas filosóficos de quanto vale uma pessoa ou seu conforto diante de um dano futuro ao clima.

O filósofo Alex Epstein, autor do livro *Fossil Future*, tem uma resposta tão enfática que até me assustou, quando li pela primeira vez: "Se você quer tornar o mundo um lugar melhor, umas das melhores coisas que pode fazer é lutar por mais uso de combustíveis fósseis – mais queima de petróleo, carvão e gás natural". Epstein não nega os efeitos das emissões de carbono. Mas acredita que, com a liberdade de produzir energia em abundância, a humanidade ficará ainda próspera e capaz de se proteger do clima. Também mais inovadora e criativa, até mesmo para reduzir a poluição em geral e descobrir alternativas aos fósseis, como usinas portáteis de fissão nuclear e a tão esperada fusão nuclear.

Não precisamos ter nenhum apego ao carvão mineral, ao gás e ao petróleo. Não é porque eles salvaram nossa vida no passado que precisamos nos agarrar a eles como se fossem ursinhos de pelúcia. Se aparecerem alternativas mais verdes que sejam tão confiáveis e baratas, elas vão ser adotadas antes mesmo de intelectuais, políticos ou representantes da ONU darem seu aval. Mas, por enquanto, é infantil e irresponsável pregar o fim imediato dos combustíveis fósseis sem mostrar substitutos viáveis, e sem reconhecer o maravilhoso benefício que eles proporcionam às pessoas. Até aqui, os combustíveis fósseis não resultaram no fim da humanidade. Significaram, na verdade, o começo do florescimento humano.

# 2. Como ambientalistas pensam

## AS FALÁCIAS E OS VIESES COGNITIVOS NOS QUAIS QUASE TODO ATIVISTA TROPEÇA

Este capítulo não é sobre o meio ambiente. Não é sobre $CO_2$, florestas tropicais ou sacolas de supermercado biodegradáveis. É sobre como ambientalistas pensam – e como se comportam em grupo quando o objetivo é "salvar o planeta". Vamos entrar em territórios da filosofia, da psicologia social e da ciência da cognição para tentar entender por que ativistas verdes defendem ideias erradas com tanta frequência e paixão. Ao falar sobre isso, me arrisco a tomar como base um espantalho, uma caricatura. Talvez nem todos os ambientalistas se comportem como descrevo abaixo – só 90% deles. Ainda assim, o retrato é útil. Quanto mais reconhecer seus próprios vícios mentais, mais o ambientalismo pode amadurecer e deixar de sabotar a própria causa.

## A falácia do mundo justo

Nós, humanos, temos a tendência a acreditar que infortúnios são castigos. Buscamos moralidade no sofrimento: se alguém está sofrendo, ou é porque fez por merecer ou porque está sendo vítima de gente maldosa. Daí nasce a falácia do mundo justo: a ideia de que uma justiça cósmica rege o universo distribuindo recompensas e punições.

Essa falácia fundamenta os piores comentários sobre estupros (*Ela foi estuprada porque estava andando por aí de minissaia*) ou sobre assaltos (*Isso que dá ficar ostentando Rolex*). É difícil aceitar que uma pessoa pode andar na linha a vida inteira, ser respeitosa com os idosos, cuidadosa com os filhos e generosa com a comunidade, e ainda assim morrer de repente esmagada por um saco de cimento. No fundo, é um jeito de mantermos nossa saúde mental: se o outro mereceu, então eu estou seguro desde que me comporte.

Essa ilusão moral também contamina o discurso ambiental. Enchentes, secas, furacões? Castigo por nossos pecados ecológicos. Queimadas na Califórnia, na Austrália, na Amazônia? Culpa de algum agente maligno que precisa ser punido para restabelecermos a justiça no mundo. Não importa se os dados nem sempre sustentam a narrativa – precisamos de um vilão, de um culpado e de uma penitência.

Faz tempo que agimos assim. Entre 1560 e 1630, o mundo viveu uma "Pequena Era do Gelo", uma onda de frio, secas, inundações e consequentes crises de fome. Estudando a Europa nesse período, o historiador alemão Wolfgang Behringer descobriu um padrão interessante. Na França, Alemanha, Escócia e Suíça, o pico dos estragos coincidiu com o pico de perseguição a mulheres acusadas de bruxaria. As pessoas achavam que as bruxas eram culpadas pelo clima "não natural". Acusavam-nas de sabotar as colheitas e espalhar geada sobre as plantações.

Como disse um relato da época, "como todo mundo achava que as quebras de safra eram causadas por bruxas diabólicas, o país inteiro tratou de erradicá-las". Sob tortura, as mulheres confessavam. "De acordo com as confissões, as bruxas da Francônia descobriram como fazer a geada", diz um inquérito da época. "Prepararam um unguento com gordura de criança, voaram pelos ares na noite de 27 de maio de 1626 e jogaram o veneno nas plantações e tudo ficou congelado."[17]

Na América, os astecas reagiam à seca com ainda mais brutalidade. Acreditavam que, quando a chuva não vinha, era porque tinham deixado algum deus irritado. E para acalmá-lo, era preciso derramar sangue de crianças. Em escavações recentes no templo de Tlaloc, o deus da chuva, arqueólogos encontraram os restos de mais de uma centena de crianças sacrificadas, com sinais de que haviam sido mortas em rituais. Algumas delas foram desmembradas; outras, enterradas com oferendas como estatuetas, conchas e colares. Pesquisadores dizem que o número e a intensidade desses sacrifícios aumentavam justamente nos períodos de estiagem, o que os fez concluir que os "sacrifícios em massa de crianças no México do século XV foram uma tentativa desesperada de apaziguar o deus da chuva e pôr fim a uma seca devastadora".[18] Se o mundo está fora de controle, alguém precisa pagar.

A falácia do mundo justo cria uma demanda enorme por explicações morais para infortúnios causados pelo clima. Ganham popularidade as explicações que culpam os seres humanos por esses infortúnios, mesmo que elas não tenham o menor amparo científico. Eu, por hábito quase antropológico, coleciono casos em que essa lógica é aplicada a desastres climáticos.

Em 2019, um senador da Austrália culpou a "covardia egoísta" de políticos adversários pelos incêndios florestais. Segundo ele, os principais partidos estariam colhendo o que plantaram por "20 anos bloqueando a ação climática".[19]

Em 2014, uma seca severa atingiu São Paulo. Logo veio a explicação: a culpa era do desmatamento da Amazônia. Não tinha nada a ver, pois a estiagem na maior cidade do Brasil era causada por uma massa de ar quente e seco que se instalou sobre o Sudeste do país, bloqueando a chegada da umidade vinda da floresta ao norte. Como me disse na época da seca um professor da Universidade de São Paulo (USP), grande parte da comunidade científica concordava que não era possível fazer uma relação entre o desmatamento e a seca.[20]

Anos depois, um estudo conjunto da Universidade Nacional da Austrália, da USP e do Instituto Nacional de Pesquisas Espaciais mostrou que essa massa de ar havia se formado a mais de 10 mil quilômetros dali, no Oceano Índico, e aos poucos migrou para a América do Sul.[21] Mesmo assim, a narrativa moralizante colou: todos os canais de TV repetiram que a seca era causada pelo desmatamento. Ironicamente, nos anos seguintes, a chuva voltou ao normal – mesmo com a Amazônia sendo desmatada a ritmo crescente.

Quando criança, eu morria de medo de uma placa na descida da Serra do Mar, pela deslumbrante Estrada da Graciosa, no Paraná. Ela ainda está lá alertando: RESPEITE A NATUREZA OU ELA PODE SE VOLTAR CONTRA VOCÊ. Na época, aquilo fazia todo o sentido para mim. Parecia justo, quase bíblico: olho por olho, deslizamento por desmatamento.

Mas hoje me dá vontade de instalar outra placa bem ao lado com uma observação de garoto-enxaqueca: "Veja bem, isso não faz o menor sentido. Como observou Schopenhauer, o mundo não segue a lógica humana. Posso passar a vida inteira sendo gentil com o planeta e ainda assim ser arrastado por um tsunami. Ou então provocar queimadas, poluir rios e desmatar à vontade – e nunca molhar meu belo pezinho numa enchente. A natureza não pune nem recompensa." Diferente de minha tia, que me puniu e até hoje me culpa por ter quebrado o vaso dela em 1991.

Certamente há malévolas e coringas que prejudicam muita gente por aí, mas isso não significa que todos os problemas sociais e ambientais têm em sua origem a maldade, o egoísmo ou algum outro defeito moral. Achar que o mundo atual é resultado de planos malignos é a essência das teorias da conspiração. Ao imaginar que pessoas más conspiram contra o planeta, os ambientalistas se nutrem de raiva e ressentimento. A luta ambiental assim se transforma numa luta pela correção moral, por vingança de vilões imaginários, pela punição de grandes empresas e políticos adversários. E não uma busca por soluções ambientais conciliadoras.

Essa luta pela correção moral faz ainda menos sentido quando consideramos que muitas vezes acontece até o contrário: uma boa ação ou uma boa notícia provoca desastres. Na Austrália e na Califórnia, por exemplo, bombeiros atuaram nas últimas décadas para prevenir até mesmo incêndios florestais menores. Esse esforço bem-intencionado resultou em um paradoxo: ao evitar queimadas naturais de baixa intensidade, permitiu-se o acúmulo de grandes quantidades de madeira morta e vegetação densa, os principais combustíveis de grandes incêndios.

Além disso, até a primeira metade do século XX, usava-se quase toda madeira disponível para fazer móveis, dormentes de ferrovias, barris, casas e aquecer caldeiras ou fogões a lenha. Até que, com a popularização do petróleo, do plástico, do aço e da eletricidade, as pessoas deixaram de derrubar tantas árvores, dando fôlego para que milhares de hectares de florestas fossem recuperados. Essa boa notícia aumentou a área de florestas – e a área vulnerável a incêndios.[22]

Apesar de ser reconhecida pelos filósofos há tempos, a falácia do mundo justo fundamenta a "hipótese de Gaia", apresentada pelo pesquisador e ambientalista britânico James Lovelock no livro *A Vingança de Gaia*. Lovelock propôs que a biosfera e os materiais inorgânicos formam um sistema interligado que age em equilíbrio. Alguns trechos do livro lembram a placa que me aterrorizava quando criança:

> *Se continuarmos a perturbar o clima e os sistemas reguladores de Gaia, ela reagirá de modo a restaurar o equilíbrio – não necessariamente de uma forma amigável à presença humana. Gaia continuará, com ou sem nós. O sistema Terra irá se reorganizar de forma a manter a vida – mas provavelmente excluindo os humanos dessa equação.*

Lovelock tropeça ainda em outro equívoco – e é sobre ele que a gente fala agora.

## A falácia da natureza em equilíbrio

Era uma vez um mundo que vivia em perfeita harmonia e equilíbrio. Cada planta e animal em seu lugar, cumprindo seu papel num balé ecológico milenar que se autorregulava. As estações se sucediam com gentileza, os rios corriam limpos e os passarinhos cantavam em tom afinado. Então veio o ser humano. Ganancioso, inconsequente, movido por máquinas e cifrões, ele rasgou florestas, poluiu os mares e rompeu o pacto sagrado com a natureza. Abriu a Caixa de Pandora do desequilíbrio: derreteu as calotas, envenenou os solos, acordou furacões e fez chover onde não devia.

Essa é a história que nos contam. Boa para uma palestra bacana ou um roteiro da Disney. Ao lado da falácia do mundo justo, a ideia de que algum dia existiu um Éden, uma natureza em equilíbrio, é outra que faz a gente se culpar por solavancos do clima.

Mas a natureza nunca foi uma senhora estável e gentil, que só se revolta quando é maltratada. Sempre foi caótica, turbulenta, cheia de reviravoltas. As espécies que existem hoje representam menos de 1% das que já habitaram o planeta – o resto foi varrido por extinções em massa causadas por asteroides, supervulcões, glaciações e mudanças radicais no clima e na composição da atmosfera. O *Homo sapiens* é, aliás, filho do desequilíbrio. Surgimos de uma mudança natural no leste da África que transformou florestas em savanas. E se formos extintos daqui a milênios, pode ser por algum novo desequilíbrio – que, como tantos outros antes, a Terra vai superar com a frieza impessoal de quem não está nem aí para nós.

"A obsessão com o 'equilíbrio da natureza' permeia toda a ciência ocidental desde antes de Aristóteles, e se expressa mais recentemente em conceitos como o clímax ecológico – a vegetação natural que supostamente cobriria uma área se ela fosse deixada intocada por tempo suficiente", diz Matt Ridley em *O Otimista Racional*. Ele completa:

> *Mas isso é besteira. Veja o lugar onde estou sentado. Supostamente, sua vegetação de clímax é uma floresta de carvalhos, mas os carvalhos só chegaram há alguns milhares de anos, substituindo os pinheiros, as bétulas e, antes disso, a tundra. Apenas 18 mil anos atrás, este local estava sob uma camada de gelo de mais de um quilômetro de espessura, e 120 mil anos atrás era um pântano quente com hipopótamos. Qual dessas seria sua "condição natural"?*

## A falácia do apelo à natureza

Num dos trechos mais divertidos de *Antifrágil*, Nassim Taleb fala das "neurobobagens" – o hábito de colar o prefixo "neuro" em qualquer palavra para lhe emprestar uma autoridade de laboratório. "Adicione neuroqualquercoisa a um campo, e de repente ele ganha respeitabilidade e se torna mais convincente", diz Taleb.[23] Marketing vira *neuromarketing*, economia vira *neuroeconomia* – e a conversa mole de antes agora soa neurocientífica.

Assim como "neuro", o prefixo "bio" virou um pó de pirlimpimpim de ideias e atividades. Tudo que é "bio" parece, automaticamente, bom. Ético. Ecológico. Saudável. Pode ser "bioplástico", "bioeconomia", "biopsicologia" ou até "biomarketing". Às vezes os prefixos se acumulam, como em "sociobioeconomia", do qual vou tratar no próximo capítulo, ou "neurobiopsicologia", um campo da psicologia

que – surpresa – estuda quase as mesmas coisas da psicologia tradicional, só que com um nome bem mais florido.

O encantamento pelo termo "bio" expõe a falácia do apelo à natureza, a crença de que algo é bom só porque é natural ou ruim só porque é artificial. É claro que muita coisa natural é maravilhosa – o pôr do sol, o café fresco, a manga no ponto perfeito. Mas também são naturais o ebola, o bolor do pão, o metano do pântano e o cocô de pombo. Tudo 100% orgânico, sem aditivos, fornecido direto pela Mãe Natureza.

No fundo, a pergunta deveria ser simples: isso é bom *por quê*? Por seus efeitos, sua eficiência, seus impactos – não por sua origem. Um remédio natural só é melhor que o industrializado se for menos tóxico ou tiver maior eficácia; pelos mesmos motivos, um método sintético pode ser mais sustentável que o artesanal. Mas quando o natural vira sinônimo automático de bom, a razão vai naturalmente para o brejo.

A ilusão do "natural é melhor" leva muitos ambientalistas a apoiar ideias duvidosas. Defendem bioplásticos e biocombustíveis que nem sempre ajudam o meio ambiente. Rejeitam os transgênicos com base quase exclusiva em um apelo à pureza original das plantas – como se a natureza tivesse um plano sagrado no qual não devemos tocar. Essa oposição ainda persiste em alguns círculos hoje, apesar de tantas evidências mostrando as vantagens ambientais dos transgênicos. As espécies geneticamente modificadas para resistirem a insetos ou tolerarem herbicidas de amplo espectro exigem menos aplicações de pesticidas, o que significa menos diesel queimado no transporte dessas substâncias e nas passadas de trator. Também facilitam o plantio direto, o que dispensa a aração do solo e aumenta o sequestro de carbono. Um estudo concluiu que, de 1996 a 2020, essa economia de emissões foi o equivalente a tirar 15 milhões de carros das ruas. Outro mostrou que a Europa poderia diminuir em 7,5% as emissões de gases de efeito estufa se ampliasse o cultivo de transgênicos.[24]

Às vezes, dá a impressão de que alguns ambientalistas não são exatamente ambientalistas. São *naturistas* disfarçados. Amam o que é "da terra", "feito à mão", "artesanal", "como antigamente" – não importa se isso destrói mais floresta ou polui mais. "Esse conceito inconsciente e arraigado sobre a natureza é, na minha experiência, muito forte", diz o jornalista e ambientalista Michael Shellenberger em *Apocalypse Never*. "Já vi muitos ambientalistas ignorarem provas que demonstram, por exemplo, o maior impacto das energias renováveis e da agricultura orgânica sobre as paisagens. As coisas 'naturais' devem, por definição, ser melhores para o meio ambiente."[25]

Para constatar como a falácia do apelo à natureza está entrelaçada ao ambientalismo, jogue "sustentabilidade" no Google Images. Aparecem cestos de vime, tecidos crus, canecas de bambu, pessoas separando sementes com as mãos. Mas o campeão, o campeão absoluto, é a maldita mão segurando uma mudinha de alface. Já imaginou o preço do pé de alface se todos fossem produzidos artesanalmente, um a um, com as mãos?

Aquilo que é "bio" muitas vezes tem um maior impacto ambiental. As bolas de sinuca feitas de marfim de elefantes são naturais, mas quero ver quem vai dizer que são mais sustentáveis que bolas sintéticas de plástico. Uma lareira – esse símbolo de rusticidade e aconchego (adoro) – poluem o ar 450 vezes mais que um aquecedor central a gás.[26] Melhor ainda se o aquecedor for movido a energia nuclear – mas essa fonte de energia soa tão antinatural que ainda hoje ambientalistas custam a aceitá-la (*veja mais sobre isso no capítulo 9*).

Muito perto do apelo à natureza está a "quimiofobia", a aversão irracional a produtos químicos ou a qualquer coisa relacionada à química, incluindo alimentos, produtos de higiene e até medicamentos. Vem da quimiofobia o fascínio por alimentos sem conservantes, apesar da insistência de pesquisadores de que conservantes são aditivos seguros (e que a falta deles pode deixar os alimentos...

menos conservados). Da mesma forma, muito ativista verde odeia pesticidas e fertilizantes – as maravilhosas substâncias químicas que salvaram bilhões de pessoas da morte de fome e nos tornaram capazes de produzir muito mais alimentos em menos espaço. E acham que açúcar é mais saudável que adoçante, apesar de o consumo excessivo de açúcar ter uma associação ao câncer muito mais comprovada.

Para evitar a quimiofobia e a falácia do apelo à natureza, é bom ter um critério claro sobre o que é sustentável. Neste livro, o critério é o seguinte: sustentável é tudo aquilo que, de forma viável, nos faz produzir o que necessitamos usando menos recursos naturais e emitindo menos carbono.

## O bom selvagem ameaçado pelo vilão capitalista

As duas últimas falácias acima criaram uma obsessão em alguns ambientalistas. Eles não conseguem parar de enxergar o mundo conforme um roteiro mais ou menos assim:

"Uma comunidade humilde e digna vive em paz e harmonia com o meio ambiente. No entanto, uma mineradora (ou um porto, indústria, fazenda, usina, qualquer coisa grande e terrivelmente capitalista) ameaça a vida tradicional da comunidade. Os humildes moradores lutam com bravura contra a ameaça dos poderosos invasores."

Essa estrutura se repete em dezenas, talvez centenas de documentários ambientais (muitos deles pagos por fundos climáticos). Os diretores desse tipo de filme devem se considerar pessoas maduras e com alta sensibilidade artística, mas criam histórias similares à dos três porquinhos que vivem em harmonia e veem sua vida tradicional ser ameaçada pela chegada do lobo mau. A história é a mesma – só mudam os nomes, o cenário e a aparência dos personagens.

Duvida? Dá só uma olhada na sinopse destes documentários ambientais:

> ***Desterrar*** (EUA, 2024): "Em meio à urgente demanda por metais e minerais, pescadores de salmão e membros de conselhos tribais indígenas enfrentam a ameaça da maior mina de cobre da América do Norte. O filme acompanha os irmãos Aube e Dune Strickland e as irmãs Christina e AlexAnna Salmon, enquanto eles lidam com a política, os poderosos e as implicações concretas da proposta de uma mina de cobre em sua terra natal."
>
> ***Antes Que o Porto Venha*** (Brasil, 2024): "Um projeto portuário da indústria do petróleo e do gás na foz do Rio Itabapoana ameaça devastar uma grande área de restinga nativa e ocupar os principais pesqueiros da região, ameaçando a subsistência de milhares de famílias que dependem da pesca artesanal e colocando em risco a tradição religiosa da romaria de Nossa Senhora das Neves."
>
> ***Terra Molhada*** (Colômbia, 2017): "Oscar vive com seus avós em uma humilde casa de campo, ameaçada por um grande projeto hidrelétrico. Diante da incerteza e da dor de serem forçados a deixar o local onde nasceram, seus avós decidem acabar com tudo."
>
> ***Pesca Roubada*** (Reino Unido, Polônia, Espanha, 2020): "Na Gâmbia, a fonte básica de proteínas, o peixe, é cada vez mais escassa. Desde a chegada de empresas chinesas que transformam peixes em rações para animais exportados para a Europa, o setor pesqueiro tradicional do país e sua segurança alimentar estão ameaçados. Três gambianos, Abou, Mariama e Paul, compartilham suas histórias íntimas de sobrevivência, saudade e migração para a Europa."

***Patrimônio*** (México, 2018): "O documentário retrata a luta de três anos de uma pequena comunidade na costa pacífica mexicana contra um megaempreendimento norte--americano. O projeto imobiliário, tido como 'sustentável' e 'holístico', ameaça o acesso da comunidade de pescadores à já escassa água, à costa e a seu patrimônio."

***O Fio Da Meada*** (Brasil, 2019): "O filme mostra a luta de povos tradicionais brasileiros contra a urbanização opressora. Silvio Tendler instiga a denúncia à violência nos campos e nas comunidades tradicionais, cada vez mais ameaçados pela ação do homem em nome do progresso. Caiçaras, quilombolas e indígenas lutam para sobreviver e para tentar impedir que suas reservas naturais sejam destruídas pelo processo de urbanização."

***Powerlands*** (EUA, 2022): "Ivey Camille Manybeads Tso segue o rastro das indústrias extrativistas que exploram sua terra natal, traçando um caminho de deslocamento de comunidades e devastação ambiental na zona rural da Colômbia, das Filipinas, do México e de Standing Rock. Ao

> longo do percurso, ela aprende com mulheres indígenas que lideram a luta contra essas mesmas empresas."

Não é possível que as histórias sejam tão similares. Não consigo evitar a sensação de que o documentarista já tinha a história pronta na cabeça e foi a campo só para captar as imagens e falas que convergiam com sua narrativa. Será mesmo que nenhum morador se beneficiou com as novidades que chegaram a sua vila? Será que os projetos de desenvolvimento são todos igualmente malignos?

É claro que às vezes esse roteiro bate com a realidade. Mas em muitos outros casos os pobres e humildes se beneficiam com a chegada da grande corporação sedenta por lucro. Pelo menos onde eu moro, cidades do litoral torcem pela chegada de novos portos e investimentos – e comemoram quando isso acontece. Muitos índios se beneficiam com a proximidade de fazendas e cidades, pois nelas há mais oportunidade de emprego – e mais pescadores esportivos interessados em fazer turismo nas aldeias. Mas essas histórias, como não encaixam no formato "bom selvagem ameaçado pelo vilão capitalista", pouco aparecem nos documentários.

## O "efeito CNN"

Você acredita que os roubos de celular estão aumentando? A chance de responder "sim" a essa pergunta aumenta muito se, dias antes, você assistiu no Instagram ao vídeo de uma câmera de segurança mostrando um roubo de celular. Apesar de um caso isolado falar muito pouco sobre a tendência estatística da evolução desse tipo de crime. Eis aí um exemplo do chamado "efeito CNN": a cobertura jornalística intensa e contínua de determinados eventos nos faz acreditar que esses eventos estão mais frequentes. Originalmente associado à cobertura de conflitos internacionais e crises humanitárias, o termo também se aplica ao meio ambiente.

O jornalismo de televisão tende a enfatizar eventos dramáticos e visualmente impactantes, como furacões, enchentes e incêndios florestais, que dão mais audiência. Essa ênfase pode criar a impressão de que tais eventos estão se tornando mais comuns ou severos, mesmo que, como veremos a seguir, na maior parte dos casos os dados científicos não sustentem essa conclusão. Com a popularização dos celulares com câmera, o efeito CNN se multiplicou: bilhões de cinegrafistas amadores estão de plantão em todo canto do planeta prontos a compartilhar qualquer vendaval.

Anos atrás, durante uma das temporadas de queimadas na Califórnia, escrevi uma coluna de jornal sobre um paradoxo curioso: vivemos mais apavorados com o clima justamente na era em que ele mata menos. Não neguei o aquecimento global – só afirmei que hoje estamos muito mais protegidos. Apesar disso, apanhei durante uma semana de meia dúzia de colegas exaltados. Eles não tardaram a me chamar de negacionista – um até inovou com "negacionista de sapatênis" (o que achei divertido). "O mundo queima, o colunista assopra", escreveu o *ombudsman* do jornal com um toque de poesia. Curiosamente, nenhum deles falou sobre a frequência global do tempo propício a queimadas, sobre o qual não há certeza de aumento ou diminuição (entraremos nesse assunto nos capítulos 6 e 7). Hoje, lembrando aquela polêmica, vejo com nitidez a força do efeito CNN. O que aumentou não foram as queimadas, mas as imagens de queimadas. Um vídeo dramático, uma imagem impactante e pronto: um caso vira tendência.

Para escapar do efeito CNN e compreender o mundo de forma mais precisa, é essencial dar atenção a dados que revelem tendências de longo prazo – não só a imagens impactantes.

## Falta de flexibilidade e a falácia do nirvana

Perguntaram a um homem de meia-idade qual destas duas opções ele prefere para a vida. "Na opção A, você é casado..." O homem interrompe o dilema e responde prontamente: "B! B!"

Essa piada que eu adoro contar para minha mulher me lembra alguns ambientalistas. Basta não gostarem da opção A para logo escolherem a B, mesmo sem saber que opção é essa. Rejeitam emissões de carbono, combustível fóssil, desmatamento ou qualquer impacto ambiental de cara, sem nem perguntar qual é a alternativa ou o critério de comparação. Condenam a construção de uma termelétrica antes mesmo de saber qual a outra opção. Como se toda opção B do planeta fosse, por definição, melhor só porque a A começou mal.

Por exemplo, eu já ouvi críticas ao bitcoin porque sua mineração gastaria mais energia que toda a Argentina. Mas em comparação a quê? Será que toda a produção, transporte e armazenamento de ouro não gastam uma quantia similar de energia? Será que não é melhor deixar todos os argentinos sem luz do que pôr fim a uma tecnologia maravilhosa como o bitcoin? (Brincadeira, *hermanos*.)

Na vida real, as alternativas têm nuances, desvantagens e custos embutidos. Se um país pode facilmente construir usinas hidrelétricas, termelétricas são uma opção ruim – mas podem ser o jeito se a alternativa é deixar pessoas no escuro. Em 2010, ambientalistas ficaram furiosos porque uma petroleira ganhou autorização do governo do Congo para extrair petróleo nos arredores do parque Virunga, o santuário dos gorilas. De fato, parece uma má ideia, certo?

Mas, como pede Shellenberger, veja por outro ângulo. Mais de 90% da população do Congo tem o carvão vegetal como principal fonte de energia. A madeira desse carvão vem das árvores cortadas do próprio parque Virunga. A instalação de uma petroleira na região seria o início de uma economia formal, com empregos remunerados e um corpo de funcionários que poderiam pagar uma conta de energia hidrelétrica ou termelétrica. Apesar dessas nuances, os ambientalistas não quiseram saber: depois de um documentário na linha "bom selvagem ameaçado pelo vilão capitalista", a pressão internacional enterrou o projeto.

Do mesmo modo, muitos bancos europeus, inspirados em políticas ESG [*Environmental, Social and Governance*], decidiram parar de financiar projetos de extração de petróleo ou termelétricas a carvão no terceiro mundo. Banem plásticos do escritório sem considerar que as alternativas podem ser mais poluidoras. Marcam a opção B sem nem mesmo conhecer as outras.

## Os analistas de ESG sabem o que é melhor para o mundo?

Os fundos ESG, que priorizam empresas bem avaliadas em critérios ambientais, sociais e de governança, têm seu charme. São um tipo de ordenamento voluntário, privado, ao qual as empresas aderem por escolha, e mostram que é possível lidar com questões ambientais e sociais sem depender do Estado ou de leis impostas por políticos. Ainda assim, o ESG tem fraquezas.

Uma delas é a falta de flexibilidade ao definir o que é melhor para a sociedade e o meio ambiente. Por exemplo, inspirados por diretrizes ESG, grandes bancos deixaram de financiar usinas termelétricas a carvão até mesmo em países pobres. A decisão soa bonita nos relatórios, mas ignora alternativas.

Se mais de 90% da população do Congo depende de carvão vegetal – extraído das florestas onde vivem os gorilas – será mesmo que uma termelétrica a carvão mineral não seria uma boa notícia para o meio ambiente? E ainda tem o S da sigla. Não seria mais social – e mais justo – garantir energia confiável e barata para as populações pobres?

Da mesma forma, empresas trocam ônibus e caminhões a diesel por veículos movidos a biodiesel, na tentativa de se adequar a metas ESG. Só que, em países com florestas vulneráveis ao desmatamento, o biodiesel pode forçar a fronteira agrícola para cima das matas – é um problema ambiental disfarçado de solução.

Mas os departamentos de ESG de fundos e empresas estão tão atrelados ao marketing que dificilmente aguentariam uma discussão com essa profundidade. Por medo da repercussão da imprensa, um banco jamais toparia afirmar que, justamente por preocupações ambientais e sociais, está bancando termelétricas em países pobres.

Lado a lado com essa falta de nuances está a falácia do nirvana – a ideia de que só devemos aceitar uma proposta se ela for perfeita. Se não for a solução ideal, imaculada, que nos leva ao estado de paz plena que os budistas chamam de nirvana, então é melhor não fazer nada. Muitas vezes, porém, é preciso escolher a melhor entre alternativas ruins ou pelo menos imperfeitas. Fixar-se na perfeição é um tipo de pensamento mágico: compara políticas reais, com todos os seus custos e imperfeições, a cenários utópicos que nunca existirão fora da cabeça da Greta Thunberg.

O mundo melhora aos poucos, de forma incremental. Uma energia subótima substitui outra pior, e assim vamos caminhando. Um bom exemplo é o gás natural extraído por fraturamento hidráulico nos Estados Unidos. Ambientalistas o rejeitaram desde o início – não porque fosse pior que o carvão, mas porque não era perfeito como a energia solar ou eólica. Defenderam sempre as renováveis como a única alternativa aceitável, ignorando que ainda não são confiáveis para sustentar um consumo imenso como o americano. Por sorte, não foram ouvidos: graças ao gás extraído do meio de rochas, os Estados Unidos conseguiram substituir usinas a carvão por gás natural – o que fez suas emissões de carbono caírem quase 20% entre 2005 e 2023.

## Anticapitalismo

Veja só o que acontecia no Rio de Janeiro até 2021. Mais de 200 milhões de litros de esgoto – esgotão mesmo, malcheiroso, número 2 – caíam todos os dias na Baía da Guanabara. E não era por falta de estações de tratamento. Em 2020, uma reportagem da TV Globo revelou que, das cerca de 400 estações de esgoto da estatal de saneamento básico, a Cedae, 130 haviam sido inauguradas, mas nunca funcionaram.[27] O governo simplesmente havia se esquecido de construir as redes que ligariam o encanamento de esgoto às estações. Muitas das que funcionavam estavam subutilizadas – caso da estação de Sarapuí, que tinha capacidade para tratar 1,5 mil litros por segundo, mas operava com apenas 200, por falta de encanamento. O resto ia direto para a Baía da Guanabara.

Não era falta de dinheiro. Uma ex-diretora do BNDES me contou que o banco estatal tinha crédito de sobra, a juros baixos, para fazer as obras. Mas os técnicos da Cedae se enrolavam, perdiam prazos, não entregavam relatórios. Sem concorrência, sem cobrança, sem pressa.

Diante dessa ineficiência crônica, políticos propuseram privatizar a Cedae e, em nível nacional, aprovar o Novo Marco do Saneamento, obrigando os governos locais a fazerem licitações, sem poder contratar as estatais diretamente. Estimativas apontariam anos depois que a nova lei atraiu mais de R$ 700 bilhões em investimentos num dos setores mais poluentes e socialmente críticos do país. Era a chance de transformar o saneamento básico no maior programa socioambiental da história do Brasil.

E o que fizeram muitos ambientalistas diante disso? Foram contra. Dezesseis organizações ambientais participaram, em abril de 2021, de um "abraço simbólico" ao prédio da Cedae, no centro do Rio de Janeiro, em protesto contra a privatização. Isso mesmo: ao lado de sindicalistas, os ambientalistas abraçaram, literalmente, a estatal que passou décadas despejando esgoto *in natura* na Baía da Guanabara.

Todo mundo no meio já ouviu o apelido: os *melancias*. Verdes por fora, vermelhos por dentro. Parecem ambientalistas, mas são ativistas de esquerda disfarçados. Falam de floresta, biodiversidade e ursos polares – mas o que realmente os move é o ressentimento contra o capital. Esse traço ideológico já foi bastante notado, mas pouco se discute sobre o estrago que ele causa ao próprio ambientalismo.

O viés contra o lucro e contra grandes empresas condiciona o que o ativista enxerga e o que ele se recusa a ver. Ele se estimula com qualquer denúncia que aponte o dedo para corporações capitalistas, mas boceja diante de problemas envolvendo estatais ou causados pela ausência de mercado, de propriedade e incentivos econômicos. Vibra com qualquer solução que prometa frear o capital, mas ignora aquelas que funcionam justamente porque envolvem competição, eficiência, propriedade e lucro. Em muitos países, a energia nuclear custa a andar porque é um monopólio público. Uma solução é deixar que empreendedores lucrem aumentando a oferta dessa fonte de energia limpa e segura. Mas porque essa medida envolveria lucro para personagens como o Sr. Burns de *Os Simpsons*, o ativista típico não se sente estimulado por ela. Do mesmo modo, a venda de direitos de caça pode ser uma forma de incentivar camponeses a cuidarem de elefantes e rinocerontes (*veja quadro a seguir*).

É o caso da eterna cisma de ambientalistas contra prédios e arranha-céus. Ao contrário do que muita gente imagina, prédios causam um impacto ambiental muito menor que o mesmo número de casas espalhadas sobre rios e nascentes. Demandam menos redes de transmissão de energia, menos postes de iluminação e transporte por carro. Uma casa nos arredores da cidade consome 88% mais eletricidade do que um apartamento. Melhor ainda se o prédio tiver uma fachada ativa, com comércios e pequenos serviços, para ninguém precisar pegar o carro até o shopping a fim de tomar um café. Da mesma forma, quanto mais densa uma cidade, ou seja, quanto mais habitantes tem por área, mais sustentável ela tende a ser. Demanda viagens mais curtas, boa parte delas a pé. Cada vez que a densidade de uma cidade dobra, as famílias que moram nela gastam 400 litros a menos de gasolina por ano.[28] No entanto, por ser contra o que chama de "especulação imobiliária", o ambientalista típico resiste à construção de prédios e à verticalização.

Alguns ambientalistas dizem com todas as letras que a luta real deve ser contra o capitalismo. Em 2016, por exemplo, o jornal inglês *The Guardian* publicou um artigo nada sutil: *A energia limpa não vai nos salvar – o sistema econômico precisa mudar*. Os autores defendiam que "concentramos toda a nossa atenção nos combustíveis fósseis, quando deveríamos ter apontado para algo muito mais profundo: a lógica básica de nosso sistema econômico. Afinal, estamos usando combustíveis fósseis, em primeiro lugar, para alimentar o imperativo mais amplo do crescimento do PIB".[29]

Bem, aqui vai uma triste notícia: se for preciso mudar o sistema econômico para salvar o planeta, então não vamos salvar o planeta. Muita gente já tentou, e o resultado não foi exatamente positivo – provocou uma boa degradação ambiental e algumas dezenas de milhões de mortos de fome. Se os autores do artigo do *Guardian* querem romper com o imperativo do crescimento econômico, legal – mas precisam combinar com os bilhões de miseráveis no mundo que sonham em ter comida na mesa, viajar de avião e comprar uma TV de 80 polegadas. Também precisam combinar com os governos, que dependem de uma arrecadação crescente de impostos para pagar suas crescentes despesas. Será que os funcionários públicos vão topar serem demitidos ou terem o salário congelado para rompermos "com o imperativo do crescimento do PIB"?

## A caça a elefantes pode proteger os elefantes

Animais selvagens não costumam pertencer a ninguém – por isso pouca gente gasta recursos para cuidar deles. Para piorar, muitas vezes são um estorvo para as comunidades locais. Na África, manadas de elefantes derrubam cercas e destroem plantações; no Brasil, onças atacam o gado, emas pisoteiam e danificam campos de arroz ou gergelim. Por isso, os incentivos dos fazendeiros vão na direção de não cuidar e até se livrar desses animais.

Diante desse problema, alguns ambientalistas, como os do *Property and Environment Research Center* (PERC), estudam como usar o poder do direito de propriedade para criar incentivos e soluções ambientais voluntárias. O exemplo de sucesso que eles mais citam é o da população de elefantes na África. Em alguns países, comunidades locais têm direitos de propriedade sobre a vida selvagem. Podem vender direitos de caça aos esquisitões que topam pagar milhares de dólares para caçar um elefante. Tendo o lucro em vista, os elefantes se tornam um ativo, não mais um estorvo. Os moradores passam a protegê-los e, com muito mais intensividade que as autoridades do governo, fiscalizar quem está caçando de forma irregular.

O resultado é que a população de elefantes está indo melhor onde a caça é permitida do que onde é proibida. Na Tanzânia, a população desses animais diminuiu cerca de 60% em cinco anos, passando de 109.051 em 2009 para 60 mil hoje. Em Moçambique, a população de elefantes, de 20 mil indivíduos em 2009, caiu pela metade. A proibição não evitou que elefantes fossem caçados ilegalmente, principalmente para a obtenção de marfim. Já na Namíbia, onde a caça é permitida, a população de elefantes cresceu de aproximadamente 7.500 indivíduos na década de 1990 para mais de 24 mil atualmente; no Zimbábue, vem crescendo 5% ao ano. Com boas regras, o lucro e o direito de propriedade são aliados da preservação.

## Obsessão com o Apocalipse

Em 1968, o biólogo Paul Ehrlich publicou o livro *A Bomba Populacional*, um clássico do alarmismo ambiental. Ele previu ali que "centenas de milhões de pessoas morreriam de fome nos anos 1970 e 1980, mesmo com programas de emergência". Meses depois, disse que "em 1980, os Estados Unidos terão experimentado um colapso demográfico, com a expectativa de vida caindo para 42 anos".

Os anos 1980 chegaram e mostraram que Ehrlich tinha errado feio. Com a popularização dos fertilizantes, a fome diminuiu mesmo diante do enorme crescimento populacional – e a expectativa de vida nos EUA chegou a 74 anos, um recorde para a época. Apesar disso, ele ganhou o Prêmio Unesco de Ciências da Vida de 1980.

No mesmo ano, Ehrlich apostou com o economista Julian Simon que, nos 10 anos seguintes, os preços de cinco metais bastante utilizados nos Estados Unidos aumentariam por causa da iminente escassez.

Os anos 1990 chegaram e mostraram que Ehrlich tinha errado feio de novo. Todos os metais que ele escolheu – cobre, cromo, níquel, estanho e tungstênio – haviam caído de preço, e assim teve que pagar a aposta ao economista Simon. Apesar disso, em 1990 Ehrlich foi agraciado com a prestigiada Bolsa da Fundação MacArthur, conhecida como a "bolsa dos gênios". Também recebeu o *Crafoord Prize* da Academia Real Sueca de Ciências – o equivalente ao Nobel para áreas fora das categorias tradicionais.

Num discurso de 1971, Ehrlich previu que "no ano 2000, o Reino Unido será apenas um pequeno grupo de ilhas empobrecidas, habitadas por cerca de 70 milhões de pessoas famintas".

Os anos 2000 chegaram e mostraram que Ehrlich tinha errado feio mais uma vez. O território da Inglaterra estava firme, e seus 50 milhões de habitantes nunca tinham sido tão ricos. A economia do país cresceria 3,5% naquele ano, e a extrema pobreza assolava menos de 0,2% da população. Apesar disso, em 2001, Ehrlich recebeu a Medalha Heinz para o Meio Ambiente e o Prêmio Cientista Distinto do Instituto Americano de Ciências Biológicas.

Em 1990, Ehrlich disse que a Índia não conseguiria alimentar sua população nas próximas décadas.

As próximas décadas chegaram e mostraram que Ehrlich tinha errado feio novamente: entre 1990 e 2020, a Índia dobrou sua produção de arroz e trigo, e tornou-se exportadora de alimentos. Apesar disso, em 2013, Ehrlich foi homenageado pelo Instituto Americano de Ciências Biológicas por suas "contribuições extraordinárias".

A trajetória acadêmica de Paul Ehrlich mostra como prosperar nas ciências ambientais. Você não precisa ser um grande cientista nem acertar suas previsões. Na verdade, pode cometer os piores equívocos - desde que erre sempre para o lado do alarmismo. Se fizer isso, será agraciado, contratado e premiado. As pessoas vão minimizar seus erros, considerá-los deslizes irrelevantes diante de suas boas intenções e da extrema preocupação com o futuro do mundo. Do contrário, se você confrontar o alarmismo de forma evidente, vai perder empregos, doações, bolsas e oportunidades de ganhar prêmios; pode ter de enfrentar uma vida de exílio acadêmico, acusações de ser financiado por petroleiras e a alcunha de negacionista - mesmo se escrever os estudos mais sensatos e fundamentados.

A blindagem moral do alarmismo cria um incentivo: muitos ativistas, jornalistas, estudiosos e políticos sabem, ainda que de forma intuitiva, que é mais seguro para sua reputação errar sendo alarmista. Dizer que o mundo vai acabar em breve nunca arranha a imagem de ninguém; já afirmar que as coisas estão melhorando pode resultar num enorme custo social. Nos últimos anos, o alarmismo ambiental deixou de ser apenas um viés ou um tropeço retórico. Tornou-se uma indústria. Existe toda uma burocracia de ONGs e falsos institutos de pesquisa que arrecadam mais doações quando conseguem emplacar notícias alarmistas nos jornais. São os mercadores do alarme, como veremos no capítulo 7.

## O que vale é a intenção

Em 2019, para protestar contra as emissões de carbono da aviação comercial, Greta Thunberg se recusou a ir de avião para o painel climático de Nova York. O jeito foi levá-la num veleiro hi-tech equipado com energia solar. A imprensa aplaudiu: a jovem pura e determinada enfrentava as ondas do Atlântico em nome do planeta.

Semanas depois, porém, a *Associated Press* revelou um detalhe inconveniente: duas pessoas da tripulação que levou Greta aos EUA voltaram para a Europa... de avião.[30] Então não seria mais fácil se a própria Greta tivesse voado a Nova York? Assim economizaria uma fortuna e dispensaria a tripulação do veleiro para passar duas semanas jogando *Clash Royale* ou, sei lá, catando lixo na praia. Mas aí não daria manchete.

Esse episódio mostra um comportamento recorrente do ambientalista típico: valorizar mais a narrativa, o gesto simbólico, a intenção visível do que os resultados concretos. Importa menos o que foi de fato emitido, poupado ou regenerado, ou o bem que se fez à comunidade – e mais a demonstração de virtude, de lealdade à causa.

Por valorizar mais a intenção ao resultado, ambientalistas se encantam com a ministra que abraça árvores, veste roupas indígenas e faz discursos apaixonados sobre a natureza – mesmo que, na prática, seu governo impeça investimentos privados em saneamento básico e aumente impostos sobre a importação de carros elétricos.

Essa fixação com a performance e a pureza das intenções tem outro efeito colateral: impede a correção de rota. Ideias furadas continuam sendo defendidas por décadas, mesmo quando os resultados decepcionam. Alguns ativistas são tão apaixonados pela intenção, pelo ideal, que o defendem a todo custo – mesmo que esse objetivo resulte em manter milhões de pessoas na miséria, como veremos no próximo capítulo.

SAVE THE AMAZON
NO TO PLANET B
SAVE THE AMAZON

# 3. Amazônia

## QUANDO A FLORESTA IMPORTA MAIS DO QUE SEUS MORADORES

Dezesseis anos: Ysani Kalapalo tenta há 16 anos ganhar permissão para ter energia elétrica em casa. Indígena do Alto Xingu, no Mato Grosso, ela sonha com iluminação constante, um freezer, um computador. Já enviou ofícios e requerimentos, pediu à Fundação Nacional do Índio (Funai) e para ONGs, foi a Brasília com integrantes de sua aldeia para solicitar pessoalmente a licença ambiental. "Mas o Ibama fica nos enrolando, não autoriza", diz. Anos atrás, a comunidade conseguiu instalar placas solares e ganhou acesso à internet da Starlink. Com isso, Ysani consegue carregar lanternas, o celular e manter uma geladeira - que só funciona de dia, e quando tem sol. Aldeias vizinhas já tiveram acesso à rede de energia porque estão oficialmente no Cerrado, enquanto a de Ysani é considerada Amazônia Legal, onde as regras ambientais são mais rígidas. "Para fazer a COP30 em Belém, eles puderam desmatar. Para a gente ter luz, não pode."

Numa madrugada da época de chuvas de 2025, o sobrinho de 8 anos de Ysani foi mordido por uma jiboia dentro da oca. A viagem de moto para levar o garoto até o hospital mais próximo levou duas horas – e demoraria ainda mais se fazendeiros da região não tivessem atendido o pedido dos índios para abrir uma estrada. Quando visitei a aldeia de Ysani, depois de uma viagem de 12 horas a partir do aeroporto de Cuiabá, uma motoniveladora bancada pelas fazendas vizinhas fazia os últimos reparos na estrada. "Os fazendeiros são nossos amigos, são eles que mais nos ajudam", diz a indígena. "Já as ONGs só atrapalham."

## Por que tantos índios odeiam ONGs em defesa dos índios?

Repare como o depoimento de Ysani contrasta com a narrativa mais comum sobre o convívio na Amazônia. Nos jornais e nos painéis climáticos da ONU, os índios parecem satisfeitos com seu modo tradicional de vida e o papel de guardiões da floresta. Já as ONGs posam como suas grandes aliadas, ajudando-os a combater o desmatamento e enfrentar a "ameaça" do agronegócio e da mineração. Muitas organizações têm em seu cerne a proteção de tradições e territórios dos indígenas – e ganham um bom dinheiro para isso.

É o caso do Instituto Socioambiental (ISA), a maior ONG ambientalista brasileira dedicada à proteção dos índios. O ISA afirma que uma de suas principais missões é "atuar na defesa do patrimônio cultural, ambiental e dos direitos dos povos indígenas" e que monitora "terras indígenas e unidades de conservação em todo o país, acompanhando processos de demarcação e criação de áreas protegidas e as ameaças que pairam sobre elas".[31] Além de diversas doações internacionais, a organização conseguiu aprovar projetos no Fundo Amazônia, o fundo gerido pelo governo brasileiro que recebe recursos do exterior para financiar iniciativas de preservação da floresta. Foram mais de R$ 70 milhões, em valores atualizados de 2025, destinados à gestão territorial e ambiental e ao "fortalecimento de cadeias de valor" na bacia dos rios Negro e Xingu. Mas o que será que os índios, supostamente os beneficiários finais desse esforço, acham do Instituto Socioambiental?

"Ninguém aqui aguenta o ISA", diz Ysani. "Eles nem aparecem mais: sabem que se aparecerem por aqui a gente bota eles pra correr."

"Quero esses malditos do ISA fora de minha reserva", diz o cacique Lucas Tukano, da região do Médio Rio Negro, no norte do Amazonas. "Os projetos deles só interferem em nossa vida e deixam as comunidades na miséria."

**AO CONTRÁRIO DO QUE A IMPRENSA MOSTRA, MUITOS ÍNDIOS SÃO AMIGOS DE FAZENDEIROS – E QUEREM ELES PRÓPRIOS SE TORNAR GRANDES FAZENDEIROS.**

"O ISA ganha milhões de dólares do mundo todo para cuidar dos índios do Xingu, mas esse dinheiro nunca chega a nosso dia a dia", diz Tapi Caiabi, do Alto Xingu. "Só os índios que ficam bajulando o ISA recebem ajuda; quem enfrenta, como a gente faz, fica sem nada."

"Eles agem segundo seus interesses e sua ideologia, explorando nossa pobreza", diz Felisberto Cupudunepá, da etnia balatiponé-umutina, do Mato Grosso.

"O ISA e o Ministério Público estão tomando o lugar dos caciques", diz Jocélio Xukuru, de Alagoas, que representa um grupo de 70 etnias de todo o Brasil favoráveis à agricultura comercial em parte das reservas. "Eles ignoram nossa autonomia e decidem o que acham que é melhor para nós."

Afinal, o que está acontecendo? Isso é tão estranho quanto socialistas odiarem uma organização socialista, ou fabricantes de bicicletas não suportarem a associação de fabricantes de bicicletas. Eu tentei por 3 vezes entrar em contato com o Instituto Socioambiental para que me dessem sua versão, mas não obtive resposta. Em comum, os índios com quem conversei dizem que as ONGs não defendem os indígenas. Defendem uma ideia deles sobre os indígenas – uma ideia congelada, infantilizada e útil para captar doações internacionais.

Enquanto parte da sociedade brasileira vê os índios como parasitas que vivem alcoolizados e pedindo mais bolsas e auxílios, outra parte os encara como bons selvagens incapazes de caminhar sozinhos. "Está na hora de o país enxergar o índio como um empreendedor, alguém que quer se desenvolver como qualquer outra pessoa e comprar as coisas com o dinheiro que ganhou trabalhando", diz Edson Baikairi, presidente da Organização dos Professores Indígenas do Mato Grosso. "Eu quero aproveitar a modernidade, quero que meus sobrinhos façam faculdade e conheçam outras culturas. Quem acha que eu devo viver sem energia elétrica que venha passar uma semana em minha aldeia pra ver se aguenta", diz Ysani.

Na mesma linha, o influenciador indígena Kauri Waiapi, o "Daldeia", desabafou nas redes sociais:

> *Essa terra já foi dos indígenas, hoje não é mais. Hoje é da União, é do governo. Se algum dia o governo quiser pegar essa terra de volta, ele pega. Na realidade os indígenas não têm nada: estão aqui cuidando para o governo. Não podem fazer nada: só podem fazer as coisas tradicionais.*

Claro que não são todos os índios que pensam assim. Como em qualquer sociedade, há entre eles diversidade de pensamento. Muitos estão contentes com as ONGs, com sua vida tradicional e têm conflitos com fazendeiros. Mas é curioso como só esta parcela aparece na imprensa, em palestras e nos painéis da ONU. Já os indígenas "rebeldes", apesar de ignorados pelo *establishment*, vêm ganhando força. Cada vez mais grupos se organizam para obter o direito a duas atividades – duas atividades que causam calafrios em boa parte dos ambientalistas.

Uma delas é poder minerar em suas terras (mais sobre isso daqui a pouco). A outra é poder cultivar grãos de forma mecanizada. Boa parte dos índios da Amazônia sonha em alcançar o nível dos parecis – indígenas do leste do Mato Grosso que hoje são referência em autonomia e desenvolvimento produtivo.

A transformação dos parecis (e aliados nambiquaras e manokis) é inegável. Há vinte anos, crises de fome eram frequentes em aldeias dessas etnias. A caça, a pesca e as roças tradicionais não forneciam segurança alimentar suficiente. Para fugir da fome, muitos jovens começaram a trabalhar nas fazendas ao redor e aprenderam a operar máquinas agrícolas e aplicar defensivos. A partir dessa experiência, com máquinas emprestadas e doações de insumos, levaram a agricultura mecanizada para dentro de seu território.

Hoje, três etnias cultivam em mais de 20 mil hectares – parece muito, mas significa 1,7% do mais de 1,3 milhão de hectares de suas reservas. Os lucros da produção, divididos entre funcionários e cooperativas, acabaram com a fome nas aldeias e tornaram os moradores independentes de assistência do governo. Antes famintos e analfabetos, índios daquela região hoje vão de caminhonete para a faculdade particular.

Mas os obstáculos impostos pelo governo são imensos. A produção agrícola dos parecis rende uma batalha judicial que se estende há 18 anos. Primeiro, o Ministério Público e o Ibama autorizaram que o grupo arrendasse suas terras; depois, desautorizaram. Os índios já foram multados em R$ 1 bilhão por usar sementes transgênicas de soja, multa que em seguida foi reduzida para R$ 300 mil e ainda está sendo debatida. As fazendas operam sem autorização definitiva – aguardam há 2 anos o licenciamento ambiental. Sem a licença formal, não conseguem vender diretamente a produção, já que o mercado exige rastreabilidade e regularização. Acabam tendo que vender por preços menores a cooperativas.

Da mesma forma, há dezenas, talvez centenas, de aldeias na Amazônia esperando há 4, 6, 10 anos o licenciamento para cultivar alimentos com tratores e colheitadeiras. Enquanto a licença não vem, o jeito é trabalhar nas fazendas e nas cidades ao redor. Como acontece no Brasil há 500 anos, muitos indígenas estão deixando as aldeias para trabalhar nas cidades da fronteira agrícola, como caixas de supermercado ou operadores de colheitadeiras. "Tem aldeia em que não encontramos mais ninguém durante a semana: todos foram para a cidade", diz Edson Baikari.

## Ricos ambientalistas x pobres desmatadores

Como liberal clássico, eu não simpatizo com a ideia de uma luta de classes, o suposto conflito irreconciliável entre ricos e pobres. Mas isso não significa que alguns ricos e alguns pobres não tenham valores divergentes — e tentem impor sua visão sobre a dos outros. É justamente esse choque de valores que explica por que tantos indígenas rejeitam as ONGs que dizem defendê-los.

No mundo rico, urbano e progressista, de onde vem a maior parte dos ativistas, jornalistas, burocratas, juízes e integrantes do Ministério Público, a prosperidade não é mais um problema. As pessoas estão mais preocupadas com valores abstratos como a sustentabilidade e têm uma razoável preocupação com a preservação da natureza. O progresso, para os progressistas, soa fora de moda.

Já no Brasil pobre e selvagem, os valores são outros. Estão na Amazônia as 10 cidades brasileiras com a pior colocação no Índice de Desenvolvimento Humano (IDH). Enquanto a média nacional de pobreza é 27%, em algumas regiões da floresta ela ultrapassa 60%.[32] Dos 100 grandes municípios do Brasil, os cinco piores em tratamento de esgoto estão na Amazônia.[33] O enorme estado do Amazonas já tem renda média inferior a de estados historicamente pobres do Nordeste, como Alagoas. Para indígenas, ribeirinhos e gente sem dinheiro dessa região, a sustentabilidade até pode ser um valor - mas não tão urgente quanto a prosperidade.

Não é um conflito puramente ideológico - ele resulta em violência a todo momento. Para facilitar as operações de combate e evitar os custos de apreensão e transporte em lugares remotos, a Força Nacional e a Polícia Federal costumam atear fogo em máquinas, balsas, barcos e dragas; o Ibama detém garimpeiros - entre eles muitos indígenas. Essas atitudes costumam revoltar a população local. Em 2021, a PF destruiu 69 balsas de garimpeiros que tinham montado uma pequena cidade flutuante no Rio Madeira; como sempre, vídeos de famílias chorando ao ver seu patrimônio incendiado circularam nas redes sociais. (Ironia: essa operação foi festejada por uma organização que tem as palavras "paz verde" em seu nome.)

Em junho de 2025, uma operação gerou revolta na população de Xapuri, na Reserva Extrativista Chico Mendes, no Acre. Com o apoio da Força Nacional, o Instituto Chico Mendes de Conservação da Biodiversidade (ICMBio) abordou moradores da reserva que praticavam "pecuária irregular". A população tentou destruir pontes para impedir a chegada de caminhões e caminhonetes, montou um escudo humano, mas não teve jeito: os policiais apreenderam cerca de 300 cabeças de gado e destruíram pequenos currais.

Imagens de produtores e familiares chorando ao ver seu patrimônio indo embora proliferaram na internet. A operação durou 15 dias, durante os quais policiais chegaram a ser alimentados por marmitas que chegavam de helicóptero. O gado apreendido foi levado a um frigorífico – que num primeiro momento recusou os animais por não compactuar com a operação policial. Dezenas de animais acabaram furtados, outros foram encontrados no meio da floresta.

Diante dessa repressão, o outro lado não deixa por menos. Veículos e instalações do Ibama e do ICMBio são com frequência incendiados ou atacados por moradores da Amazônia. Nos piores casos, ambientalistas e indigenistas acabam assassinados – como aconteceu com Bruno Pereira e o jornalista britânico Dom Phillips em 2022. Segundo a *Global Witness*, Brasil e Colômbia são os dois países que mais matam ambientalistas em todo o mundo.

Intelectuais e comentaristas gostam de acreditar que os negócios destruídos pelas forças ambientalistas de repressão tinham gente rica por trás, e que os assassinatos de ativistas são cometidos a mando de grandes proprietários. Isso poucas vezes corresponde à realidade. É mais uma forma de se esquivar de uma verdade incômoda: o modelo

> **INTELECTUAIS E AMBIENTALISTAS NÃO GOSTAM DE ADMITIR, MAS O MODELO ATUAL DE PRESERVAÇÃO DA AMAZÔNIA EXIGE REPRESSÃO CONTRA POBRES TENTANDO SOBREVIVER.**

atual de preservação da Amazônia exige repressão contra pobres tentando sobreviver.

Eu percebi essa ilusão em 2004, quando fui a Anapu, no centro do estado do Pará, cobrir o assassinato da missionária americana Dorothy Stang. As notícias diziam (e ainda dizem) que Dorothy tinha sido morta por grandes madeireiros e proprietários de terra. Na cidade, depois de conversar com as colegas de Dorothy, com os policiais encarregados do caso e moradores, percebi que faltava procurar a família do homem acusado de ser o mandante do assassinato, que estava foragido desde a morte da missionária.

Eu esperava chegar a uma propriedade com guardas ou pelo menos muros altos – mas a casa do suposto latifundiário era muito mais pobre que a média da cidade. Seus filhos e sua mulher nem de longe pareciam pessoas ricas ou poderosas. Ambientalistas e a elite intelectual resistem em aceitar, mas a verdade é que muitos ambientalistas são mortos por gente pobre.

De uma forma ou de outra, o dilema permanece. Afinal, qual valor deve prevalecer? Por mais que muita gente (eu inclusive) afirme que o desenvolvimento é compatível com a preservação, não dá para negar que mais produção agropecuária terá um impacto ambiental na Amazônia. Se já há tantos milhares de hectares que estão virando lavouras de milho e soja, não seria o caso de evitar esse avanço na floresta? Mas se os brancos enriqueceram abrindo o mato, não soa como puxar a escada impedir que os índios e demais moradores da Amazônia façam o mesmo?

Permita-me contribuir com esse dilema com dois comentários. O primeiro, especificamente sobre os índios: é idealização romântica achar que a vida tradicional na aldeia não tem impacto ambiental. Talvez não seja um impacto visível do satélite e nas estatísticas de desmatamento, mas é pesado sobre a fauna. Alguns influencers indígenas se divertem em chocar os brasileiros urbanos publicando vídeos no TikTok com receitas feitas a partir de cabeças de macaco ou comentando assuntos variados enquanto despedaçam o animal para o jantar. Pode parecer cruel para moradores da cidade, mas é parte da rotina de índios da Amazônia comer macacos guaribas, cotias, pacas, veados, tatus, antas, jabutis, tartarugas, mutuns, ovos de répteis e aves e, é claro, uma infinidade de peixes. Também matam animais que os ameaçam, como cobras, onças e gaviões.

Sem geladeira, uma forma de manter a carne fresca é deixá-la presa e viva até a hora de abate. Em 2024, uma escritora e modelo ganhou 750 mil likes no Instagram ao denunciar um macaco amarrado numa aldeia da Amazônia. Achou que o macaco estava amarrado para ser exibido a turistas, mas o animal era simplesmente o estoque de proteína que seria consumida nas horas seguintes. Na Reserva Biológica do Rio Trombetas – uma das áreas de preservação mais restritas do país – crianças "abrem" tartarugas tracajás em poucos segundos. Deixam outras amarradas por semanas, às vezes de cabeça para baixo, até chegar a hora de levá-las para o fogo.

O que os caçadores-coletores do passado fizeram com mamutes e preguiças gigantes os de hoje fazem com antas e macacos. Uma forma de diminuir esse impacto sobre a fauna seria deixar os índios ganharem dinheiro para poderem comprar carne vinda de fazendas, ou permitir que eles criem pelo menos algumas cabeças de gado. Mas, com justificativas ambientais, as autoridades costumam apreender bois e vacas encontrados em aldeias.

> **POR ALGUM MOTIVO MISTERIOSO, O "LUGAR DE FALA" NÃO VALE PARA OS MORADORES DA AMAZÔNIA.**

A segunda observação é que, mesmo que você esteja convicto de qual valor deve prevalecer na Amazônia, lembre-se de que é preciso combinar com os moradores locais. Ambientalistas costumam gostar do conceito de "lugar de fala" – a ideia de que só quem vivencia determinada realidade tem legitimidade para falar sobre ela. Mas, por algum motivo misterioso, o lugar de fala não vale para a Amazônia – justamente quando faz algum sentido, quando a pessoa deve decidir com o que prefere trabalhar. Nesse caso, brancos do mundo todo se acham no direito de definir o destino de milhões de pessoas.

Tem sido assim nas últimas duas décadas. Desde 2004, o Brasil criou mais de 300 áreas protegidas na Amazônia. Incluindo terras indígenas, essas áreas somam 125 milhões de hectares – mais que Alemanha, Itália, Inglaterra, França, Espanha e Portugal juntos. Foi uma demarcação imposta de cima para baixo, não tão diferente da clássica imagem dos partidos europeus traçando num mapa a partilha da África. Boa parte dessas áreas de conservação foram demarcadas quando já havia presença humana, sem desapropriação ou pagamento de indenização aos ocupantes. Em algum momento da história, moradores que criavam gado havia décadas ficaram sabendo que só poderiam usar a terra para extrativismo ou "desenvolvimento sustentável".

Reprimir as tentativas da população de sair da miséria fortalece a sensação, cada vez mais forte no mundo todo, de que o discurso ambiental serve mais para agradar elites urbanas do que para resolver problemas reais. Não adianta negar essa imposição de valores – nem apostar em soluções irrealistas, como a bioeconomia.

## O que Alemanha e Amazônia têm em comum

É difícil encontrar alguma semelhança entre a Alemanha e a Amazônia, mas aqui vai uma: são dois lugares repletos de ambientalistas que muitas vezes conseguem fazer valer suas preferências. E os dois lugares colecionam tiros no pé ambientais.

A Alemanha triplicou a geração de energia renovável desde 2013. Nada mal, mas a custo de centenas de bilhões de euros. Como a potência dessas fontes de energia não é constante, o país teve que depender fortemente de termelétricas movidas a gás russo para controlar as flutuações e fornecer energia confiável. Quando estourou a guerra da Ucrânia e a Rússia interrompeu o fornecimento de gás, a Alemanha percebeu que tinha sacrificado sua segurança energética em nome de menos emissões de carbono.

Na Amazônia, ambientalistas (incluindo Marina Silva, ministra do Meio Ambiente por duas vezes) pressionaram para que as usinas hidrelétricas Belo Monte, no rio Xingu, e Santo Antônio, no Rio Madeira, funcionassem a fio d'água, método que aproveita o fluxo natural do rio para gerar eletricidade e evitar grandes áreas alagadas. Sem grandes reservatórios para armazenar água, essas usinas ficam sem capacidade de gerar energia nos meses de seca. Em setembro de 2024, a usina de Belo Monte gerou menos de 3% da energia projetada, e Santo Antônio teve sua operação suspensa devido à baixa vazão. Para compensar a falta de energia, é necessário acionar termelétricas a diesel em Rondônia. A administradora de Belo Monte chegou a pedir aprovação para construir uma termelétrica até mesmo para dar energia à própria usina e à vila de funcionários durante os meses secos.

Na Alemanha, apesar da insegurança energética, a pressão de ambientalistas levou ao fechamento de suas três últimas usinas nucleares em 2023. Seis meses depois, teve que reabrir usinas termelétricas a carvão para evitar blecautes. Como disse um editorial do *Wall Street Journal*, a saga da Alemanha foi "a política energética mais estúpida do mundo".[34]

Na Amazônia, ambientalistas e indigenistas resistiram por uma década contra o linhão de mais de 700 quilômetros para conectar o estado de Roraima à rede nacional, de modo que o estado do extremo norte brasileiro deixasse de depender da energia fornecida pela Venezuela. Quando crises de energia na Venezuela apareceram, em março de 2019, Roraima ficou no escuro. O jeito foi ligar as famigeradas termelétricas a diesel. Sem o linhão, 89% da energia de Roraima vem do diesel.[35]

Por fim, outra semelhança entre Amazônia e Alemanha é o ressentimento de boa parte da população com ambientalistas. Esse sentimento é muito comum na Amazônia, como vimos neste capítulo. Na Alemanha, a tentativa do Partido Verde de proibir aquecedores a gás em 2023 fez boa parte dos alemães considerarem os ambientalistas "autoritários demais".[36] Em 2024, mais de dois terços dos alemães disseram que não fariam sacrifícios financeiros nem diminuiriam seu padrão de vida para combater a mudança climática.[37]

Na Alemanha ou na floresta tropical, o povo não aguenta mais os ambientalistas.

## Não, a bioeconomia não é a solução da Amazônia

O ribeirinho desperta com o sol. A canoa ainda molhada do sereno da madrugada balança suavemente na margem do igarapé. Ele bebe a água do rio, prepara o café com farinha e peixe salgado, despede-se da esposa e dos filhos, e segue mata adentro. Ali, conhece cada trilha, cada árvore, cada época do fruto. Recolhe o que a floresta lhe oferece: castanhas, folhas aromáticas, resinas, óleos. Mais tarde, utiliza seus saberes tradicionais para transformar parte da colheita em produtos: sabonetes artesanais, óleo medicinal e temperos regionais. Às vezes vende para um intermediário, às vezes participa de uma feira da vila. Consegue dinheiro suficiente para manter a casa, pagar o combustível, comprar cadernos para os filhos. A floresta continua em pé - ele também.

Essa é a visão romântica que ambientalistas e intelectuais têm da bioeconomia na Amazônia. Mas veja por outro lado - o lado da realidade.

As castanheiras estão espalhadas por uma área enorme - o trajeto entre todas elas leva 3 horas rio abaixo e mata adentro. Para evitar que os ouriços caídos das castanheiras sejam contaminados por fungos no solo, é preciso fazer o mesmo trajeto todos os dias, mesmo que haja pouco a coletar. O açaí, valioso, exige que o ribeirinho suba troncos de 20 metros, com uma tira de fibra de embira amarrada nos pés e uma faca na cintura. Tudo isso sob um calor sufocante, cercado por mosquitos e o risco constante de queda. O ribeirinho transporta a produção nas costas e na canoa, mas de repente o motor enguiça. Não há assistência técnica por perto. Remando de volta para casa, ele calcula que, se a safra do mês for boa, conseguirá vendê-la por R$ 1,2 mil, tendo ainda que descontar R$ 450 do frete até Altamira. Sabe que ao chegar em casa a mulher estará exausta por ter passado o dia moendo andiroba e quebrando babaçu um a um, com um machado

velho apoiado num toco de madeira. Mas ao chegar, descobre uma situação pior: o filho, responsável por abrir os ouriços de castanha com o facão, acabou cortando gravemente o braço. Se o cunhado emprestar a moto, o ribeirinho conseguirá chegar com a criança ao hospital em duas horas e meia.

Ambientalistas e intelectuais brasileiros cultivam uma obsessão pela bioeconomia. Basta a notícia de conflito entre moradores e ambientalistas aparecer num debate de um canal de notícias que alguém, com tom professoral, dispara a senha: "Precisamos desenvolver a bioeconomia". A frase é recebida com acenos entusiasmados e variações do mesmo mantra: "É uma forma de conciliar preservação ambiental com a prosperidade dos moradores", afinal "a floresta abriga uma riqueza incalculável e negligenciada" e "vale mais em pé do que no chão". A imagem romântica do ribeirinho vivendo dignamente da floresta encanta a todos.

Se no começo a bioeconomia significava algo próximo da biotecnologia, hoje se restringe a uma sopa de termos politicamente corretos. Seria "um modelo de desenvolvimento sustentado pela máxima de manter a floresta em pé", valorizando "a biodiversidade e os saberes tradicionais" e "criando alternativas econômicas para as populações locais sem comprometer os recursos naturais". Versões mais específicas e com mais prefixos bonitos surgiram nos últimos anos: a "bioeconomia bioecológica"[38] e a "sociobioeconomia", atividade que reconhece "o manejo tradicional do território como prática econômica comunitária". Trata-se, em resumo, do extrativismo vegetal e a produção, sempre artesanal, de cosméticos e fármacos.

Resenhas de livros e artigos em defesa da bioeconomia na Amazônia aparecem nos grandes jornais brasileiros de seis em seis meses – e tem sido assim há décadas. Encontrei textos de 2025 (*É preciso integrar, de forma robusta, uma política consistente de desenvolvimento com floresta em pé*), de 2017 (*A Amazônia é o grande celeiro de conhecimento sobre a bioeconomia do futuro*) e até de 1984, sobre a necessidade de "aproveitar a vocação da bacia amazônica para o desenvolvimento da bioeconomia".[39]

**A BIOECONOMIA É O FUTURO DA AMAZÔNIA, DIZEM OS INTELECTUAIS – E ESTÃO DIZENDO ISSO HÁ MAIS DE 40 ANOS.**

*A bioeconomia é o futuro da Amazônia*, dizem os intelectuais – e estão dizendo isso há mais de 40 anos. Todos concordam – menos o morador da Amazônia que não vê a hora de deixar de coletar tucum para operar uma colheitadeira de soja.

A defesa tão recorrente à bioeconomia motivou uma infinidade de programas e fundos de incentivo. Todos os anos, governos, universidades, fundações internacionais, bancos e empresas estatais gastam um bom cascalho para incentivar a pesca e a produção de sementes oleaginosas, óleos essenciais, de mel e ingredientes para cosméticos, entre outros produtos. Os programas de incentivo do governo brasileiro costumam seguir o mesmo ciclo: ganham notícia quando são lançados, não dão em nada, entram no esquecimento e, anos depois, são lançados de novo com outro nome.

Em 2009, por exemplo, o presidente Lula criou o Plano de Promoção das Cadeias da Sociobiodiversidade. Dez anos depois, o presidente Bolsonaro lançou o Programa Bioeconomia Brasil. Em 2021, o Banco Interamericano de Desenvolvimento criou o "Fundo de Bioeconomia da Amazônia", com um orçamento de nada menos que US$ 600 milhões. Em 2024, o novo governo Lula criou a Estratégia Nacional de Bioeconomia, coordenada pela Comissão Nacional de Bioeconomia, que por sua vez criou o Plano Nacional de Desenvolvimento da Bioeconomia.

Só em 2025, enquanto escrevo este capítulo, há uma fortuna aberta a programas de apoio à atividade. O Ministério da Ciência, Tecnologia e Inovação criou um programa de R$ 100 milhões para "bioeconomia e desenvolvimento regional da Amazônia". O Fundo Amazônia veio logo atrás com R$ 10 milhões. O Banco da Amazônia, em parceria com a Agência Francesa de Desenvolvimento (AFD), abriu outro edital, de R$ 4 milhões, para "unir economia, floresta e comunidade". A incubadora da Universidade Federal do Pará adicionou R$ 2 milhões. A Universidade Federal de Mato Grosso, em colaboração com a Universidade Federal de Goiás e a Embrapa, anunciou a Iniciativa Amazônia+10, com R$ 76 milhões para "fomentar a bioeconomia, resgate de costumes e redução da insegurança alimentar dos povos originários do estado de Mato Grosso". O Idesam, com seu Programa Prioritário de Bioeconomia, ofereceu mais R$ 25 milhões. A Petrobras, junto com a Régia Capital, entrou com um fundo de R$ 100 milhões. E até o Bezos Earth Fund apareceu com um edital de R$ 10 milhões em parceria com o Instituto Clima e Sociedade (iCS). Temos aí, em apenas um ano, pelo menos R$ 327 milhões para convencer moradores da Amazônia a fabricar sabonete de andiroba.

E, apesar de tanta vontade política e tantos investimentos, os resultados da bioeconomia são tão animadores quanto um samba-enredo sobre a reforma tributária. É mais fácil encontrar bioeconomistas em Ipanema do que bioempreendedores lucrativos no Alto Solimões.

De todas as variedades da bioeconomia amazônica, a única que vai bem é a produção de açaí – ela já vale mais de 70% de toda a "extração vegetal de produtos não madeireiros", como denominam as estatísticas oficiais. Mas, segundo o IBGE, a maior parte desse açaí não vem mais da coleta realizada por ribeirinhos nas margens dos rios, e sim de áreas cultivadas.[40] É em boa parte açaí plantado onde antes havia floresta ou, na melhor das hipóteses, onde antes havia um pasto degradado.

Depois do açaí, a castanha-do-pará é o segundo produto florestal amazônico com maior valor. Sua produção diminui a cada ano e não consegue ganhar a concorrência nem da Bolívia. A safra caiu de 39 mil toneladas em 2017 para 35 mil em 2023.[41] Era muito maior nos anos 1970, quando ninguém falava de bioeconomia – em 1974, chegou a 64 mil toneladas.[42]

Um caso gritante é a amêndoa do babaçu, o terceiro maior mercado da bioeconomia amazônica. Poucos mercados receberam tanta atenção do Fundo Amazônia. E poucos produtos estão em tamanha decadência. A fim de "fortalecer as cadeias de valor e saberes tradicionais" especificamente do babaçu, o fundo aprovou a transferência de R$ 39,9 milhões desde 2018 para projetos com nomes bonitos como "Babaçu Livre", "Redes de Vidas nos Babaçuais", "Floresta de Babaçu em Pé". Existe até mesmo um Fundo Babaçu, criado pelo Movimento Interestadual das Quebradeiras de Coco Babaçu, que recebeu dinheiro da Fundação Ford e muitas outras organizações. Do Fundo Amazônia, há ainda projetos muito mais caros que tratam da coleta do babaçu e outras atividades.

Mas a produção de amêndoas de babaçu é só decepção. Por causa da concorrência com a soja e o dendê, cai seguidamente desde os anos 1980; passou de R$ 154 milhões em 2010 para R$ 68,8 milhões em 2023. E repare que esses valores são nominais – se contássemos a inflação, teríamos uma queda de mais de 80% em 13 anos. Se continuar assim, em poucos anos o mercado de ONGs de incentivo ao babaçu vai superar o próprio mercado do babaçu.

## A ECONOMIA DE AMÊNDOAS DE BABAÇU

Quanto mais o Fundo Amazônia investe, mais a produção de babaçu cai

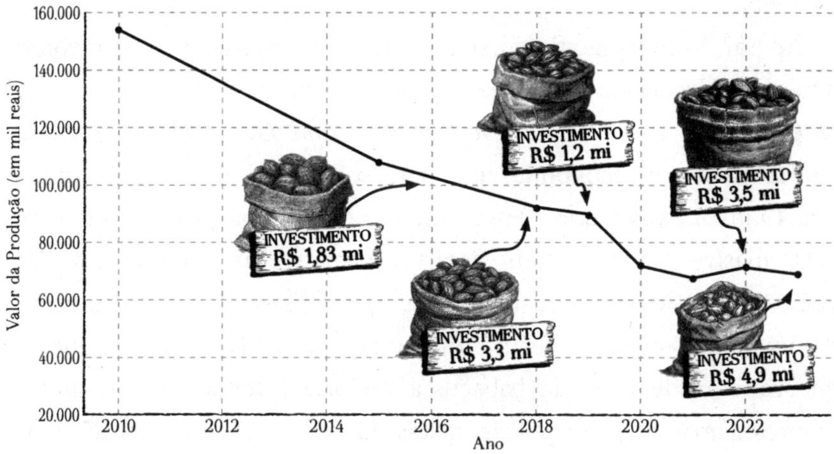


Eu não tenho a menor ideia de para que serve o babaçu (minha mulher diz que eu deveria saber porque nós brasileiros aprendemos sobre o óleo de babaçu na escola; provavelmente nessa aula eu estava distraído trocando figurinhas da Copa de 1990). Mas suspeito que talvez as quebradeiras de coco estejam ganhando tanto dinheiro das ONGs e do governo que já não precisam trabalhar como antes. Devem coletar e quebrar babaçu só o suficiente para mostrar aos jornalistas e tirar fotos de seu trabalho artesanal, a fim de constar nos relatórios e vídeos para os doadores. Na verdade, não sou só eu que tenho essa suspeita. Um estudo de 2019 afirma que as "alternativas de renda mínima" combinadas ao baixo retorno da quebra de babaçu "resultam no desinteresse" na atividade que "antes era primordial para a sobrevivência familiar".[43]

A propósito, fico imaginando os doadores do Fundo Amazônia, entre eles os pagadores de impostos da Noruega, Alemanha, Estados Unidos, Suíça e Reino Unido. Quanto mais eles investem no desenvolvimento das cadeias de valor do babaçu, mais o mercado de babaçu encolhe. É o tipo de investimento com alta estética e baixa eficiência.

Apesar do contínuo fiasco, o financiamento do babaçu é visto como um *case* de sucesso por organizações internacionais como o IIED, *International Institute for Environment and Development.* Sucesso não só para a bioeconomia, mas para o combate à mudança climática. O instituto diz que o envolvimento da população e a abordagem participativa "aumentaram significativamente as capacidades das comunidades locais", sem mencionar que a capacidade de produção de amêndoas, bem, não está aumentando. O IIED diz ainda que as quebradoras de coco de babaçu, a maioria integrantes dos movimentos sem-terra, são protagonistas da "ação climática local", mas não dá números e detalhes sobre o efeito delas nas emissões mundiais de carbono.[44]

A verdade é que existe uma forte razão para tão pouca gente da Amazônia se interessar pela bioeconomia. O extrativismo e a produção sustentável na floresta são atividades essencialmente pouco produtivas – e é a produtividade que enriquece as pessoas.

O erro de tantos intelectuais que destacam as "fortunas inexploradas da floresta" é acreditar que a riqueza está em produtos. Na verdade, a riqueza surge da produtividade, de nossa capacidade de criar valor com pouco trabalho e poucos recursos. Um solo pode estar repleto de ouro, mas se você demorar um ano para minerar uma pepita de US$ 1 mil, a suposta riqueza te deixará pobre. Da mesma forma, um empresário pode enriquecer com extração de algo banal como a água, desde que esse trabalho seja produtivo – com poços profundos, engarrafamento automatizado e distribuição escalável.

Na floresta em pé, porém, tudo é mais difícil. As árvores estão espalhadas, longe de estradas, e o acesso aos recursos exige longas jornadas por rios ou trilhas na mata. Para encher o cesto, é preciso vasculhar a vegetação, caminhar horas sob o calor úmido e às vezes, como no caso do açaí, subir até o topo das árvores para cortar os cachos. Pouca gente topa fazer isso se a remuneração não compensar.

> **O MORADOR DA AMAZÔNIA QUER FICAR RICO, MAS O AMBIENTALISTA PREFERE QUE ELE PASSE O DIA CATANDO COQUINHO NA FLORESTA.**

Tem ainda o transporte. Boa parte dos produtos da bioeconomia têm muito peso e volume para pouco valor – por isso acabam incorporando uma parte grande do frete no preço. Se a tal riqueza natural da Amazônia só puder ser vendida a 300 quilômetros rio acima, ou depois de dias numa estrada de terra cheia de atoleiros, o frete come boa parte do lucro. Uma solução para baixar esse custo seria abrir estradas ou asfaltá-las – uma reivindicação antiga dos moradores. Mas os ambientalistas são contra. Em 2025, o Observatório do Clima, uma rede de ONGs ambientais, conseguiu na Justiça impedir o asfaltamento da BR-319, que liga as capitais Manaus e Porto Velho.

Mesmo assim, às vezes os negócios da bioeconomia prosperam – mas quando isso acontece, deixam de ter o apoio dos ativistas. Como dizem o jurista Daniel Vargas e o empresário Denis Minev: "O extrativismo artesanal convive com um paradoxo de origem: se for artesanal, não tem escala e é ineficiente; se crescer e der lucro, deixa de ser extrativismo e vira outra coisa".[45]

O resultado é a seguinte situação. O sujeito vive sobre uma das maiores minas de diamantes do mundo, gostaria de ter dinheiro para comprar uma 4x4 e de abrir estradas para chegar mais rápido ao hospital. Mas o intelectual prefere que ele passe o dia extraindo óleo de copaíba. A elite progressista de São Paulo e do Rio de Janeiro está há décadas impondo a bioeconomia de cima para baixo – enquanto isso, a população da Amazônia arruma emprego nos garimpos, na pecuária ou nas fazendas de milho e soja do Cerrado. Tenta desesperadamente escapar da bioeconomia e encontrar alguma ocupação mais produtiva, ainda que ilegal.

Claro que a bioeconomia tem seu papel. Há diversos casos mostrando que ela rende emprego e dinheiro para muita gente – e é ótimo aumentar o conhecimento sobre plantas e animais ao redor. Mas está na hora de admitir que ela jamais vai satisfazer a maior parte dos 28 milhões de moradores da Amazônia.

Apesar de tantos fracassos dos programas de incentivo, ambientalistas e intelectuais continuam insistindo. Não só ainda acreditam que a atividade é o "futuro da Amazônia" como afirmam não haver opções. "A visão de bioeconomia é a única possível para Amazônia", disse em 2023, para a CNN, o uruguaio Mario Lubetkin, representante regional da Organização das Nações Unidas para Alimentação e Agricultura (FAO) para a América Latina e o Caribe.

Por que tanta insistência? Talvez porque a verdadeira utilidade da bioeconomia não seja prática, e sim teórica. Ela funciona como um álibi moral. Para quem tem como prioridade preservar a floresta mas não quer parecer indiferente à miséria local, a bioeconomia surge como uma solução discursiva. Em vez de admitir "na real, eu me preocupo mesmo é com a floresta – pouco me importo com os moradores", o intelectual saca da cartola a bioeconomia, que em teoria resolveria tanto a miséria quanto o desmatamento. Se sua recomendação der errado... bem, vai levar umas décadas até as pessoas perceberem. Até lá, deixem os moradores da Amazônia catando coquinho.

Dito isso, há uma atividade extrativista que pode, sim, conciliar desenvolvimento e preservação. Ao contrário da bioeconomia, essa atividade acontece mesmo sem empurrões do governo, ONGs ou programas de incentivo. Mas, como veremos a seguir, os ambientalistas não costumam simpatizar com ela.

## As árvores da Amazônia são uma bomba de metano

Esqueça por um instante o boi, o trator e o fogo. A própria floresta, intacta, já é uma bomba de gases de efeito estufa. Sozinha, a Floresta Amazônica emite 46 milhões de toneladas de metano, ou 8% de todo o metano do planeta, segundo a estimativa de um estudo de 2021.[46] Esse gás tem um potencial de efeito estufa dezenas de vezes maior que o dióxido de carbono, mas permanece na atmosfera por menos tempo.

A causa dessa poluição natural é o apodrecimento. O metano é gerado pela decomposição na ausência de oxigênio – em aterros sanitários ou esgotos, por exemplo. Por isso as áreas alagadas são a maior fonte de metano do mundo. Como a Amazônia tem um ciclo anual de alagamento sobre folhas, troncos e raízes, acaba funcionando como uma bomba natural desse gás. Cerca de três quartos do metano emitido pela Amazônia vêm desse processo natural – o restante, por ação humana.

Um estudo mediu as emissões de metano diretamente dos troncos das árvores, do solo e das superfícies aquáticas, em três locais da bacia amazônica (rios Negro, Solimões e Tapajós), durante fases de seca e inundação. Ele concluiu que os troncos também emitem metano – e que as árvores da Amazônia emitem o gás mesmo durante a época da seca. Mesmo em áreas não inundadas, as árvores servem como um caminho para o metano produzido no solo alcançar a atmosfera.[47]

Então deveríamos transformar a Amazônia num grande estacionamento de shopping? Calma lá. Talvez até fosse divertido, mas isso liberaria um bocado de carbono armazenado nas árvores. Além disso, as florestas tropicais têm efeitos na direção oposta: além de captarem carbono, liberam umidade que favorece a formação de nuvens. E nuvens, por serem claras, refletem parte da radiação solar, ajudando a cumprir a importante tarefa de resfriar o planeta.

## Mineração na Amazônia: legalizar ou empurrar para o crime?

Mais de 30% da economia do Pará, o estado mais rico e populoso da Amazônia, vem da mineração. Todos os anos, saem das jazidas paraenses cerca de 300 milhões de toneladas de minério de ferro, bauxita, manganês e cobre, além de pedras preciosas e diamantes. É uma produção gigantesca, que causa, sim, uma devastação completa da floresta e do solo nas áreas exploradas. Mas tem um detalhe: toda essa área representa apenas 0,12% do território paraense.

Sim, 0,12%: são 156 mil hectares ocupados por minas industriais e principalmente garimpos legais e ilegais, segundo o MapBiomas.[48]

Em comparação, a agricultura ocupa cerca de 1 milhão de hectares, e a pecuária, mais 19 milhões – embora, juntas, essas duas atividades representem menos de 10% da economia do estado.[49] Se fizermos a conta de quanto valor se extrai por hectare desmatado, a diferença é enorme: minas industriais e garimpos geram, em média, R$ 524 mil por hectare; já a agropecuária rende apenas R$ 1.215. Ou seja, a mineração gera 430 vezes mais valor por área ocupada. É tanto dinheiro que as grandes mineradoras conseguem financiar, com folga, programas de recuperação e preservação ambiental em áreas 5, 10 vezes maiores do que as que utilizam para extração.[50]

> **OCUPANDO UMA ÁREA DE 0,12%, A MINERAÇÃO GERA 30% DA RIQUEZA DO PARÁ.**

Se você sonha com uma Amazônia rica e com a maior parte da floresta em pé, a mineração é uma opção razoável. É capaz de gerar muito emprego e valor em pouca área – ou, pelo menos, em muito menos área que a criação de animais ou cultivo de grãos. Apesar do potencial, a mineração é vista por parte dos ativistas como uma profanação que vai corromper a harmonia e a pureza da floresta – como a corporação maligna que explora minério em Pandora, no filme *Avatar*.

Por conta dessa visão, políticos e burocratas que acreditam estar do lado da natureza impõem todo tipo de restrição à mineração; milhares de processos de licenciamento ambiental estão parados no Ibama. Até mesmo a extração de recursos naturais longe da floresta, como a exploração de petróleo na Margem Equatorial, a mais de 400 quilômetros da foz do Amazonas, vira polêmica no Brasil. A exploração *offshore* geraria empregos formais, atrairia investimentos e aumentaria o custo de oportunidade do desmatamento (o cidadão teria mais o que fazer além de botar fogo no mato). Mas a Petrobras levou dois anos só para conseguir licença para pesquisar petróleo na região. Quanto à mineração em terras indígenas, a Constituição de 1988 garante aos povos nativos o direito de minerar suas terras, mas, por pressão de ambientalistas, a lei que deveria regulamentar essa atividade nunca foi aprovada.

Mesmo sem regulamentação, os garimpos se multiplicam. Eu cresci vendo notícias da TV sobre operações contra garimpos em territórios indígenas – e, ainda assim, eles não param de crescer. Já são mais de 80 mil pontos de garimpos na Amazônia.[51] Em terras indígenas, essa atividade cresceu 625% entre 2010 e 2021.[52] Só na Terra Yanomami, em Roraima, calcula-se que haja mais de 20 mil garimpeiros (nem é tanto se lembrarmos que essa terra indígena tem o tamanho de Portugal).

**O GARIMPO EM TERRAS INDÍGENAS VAI ACONTECER – A ESCOLHA É SE SERÁ COM REGRAS OU COM FUZIS.**

O resultado é o pior dos mundos: o garimpo ilegal. Garimpeiros ameaçam os índios, pagam alguma participação para os caciques fazerem vista grossa ou são eles próprios indígenas. Nem sempre o cacique divide os valores de forma justa com o resto da tribo, por isso muitos índios continuam pobres. Meninos indígenas passam a pedir esmola; meninas, a se prostituir nos garimpos. Se o garimpeiro encontrar uma enorme pepita, ninguém da aldeia vai ficar sabendo.

Muitos índios já perceberam esse problema. Em 2022, um grupo de lideranças indígenas lançou um manifesto pedindo a mineração – ou melhor, a legalização da mineração que acontece há décadas em terras indígenas. "Quem não quer minerar não deve ser obrigado a isso, assim como não se deve impedir as comunidades interessadas em desenvolver a atividade", defenderam eles no manifesto, publicado no jornal *Folha de S.Paulo*. "A regulamentação trará critérios de exploração, controle e fiscalização, como estudos de impacto e controle ambiental, recuperação e mitigação. Deixará clara a participação indígena nos lucros e o investimento social dos empreendimentos minerários."[53]

É assim em outros países. No Território do Norte da Austrália, 80% da mineração acontece em terras de povos aborígenes. Eles não apenas autorizam os projetos como fundaram até sua própria mineradora, com um investimento de US$ 45 milhões. Já no Canadá, são mais de 400 acordos de mineração entre empresas e comunidades indígenas, que também controlam suas companhias e recebem royalties de forma transparente.

Claro que a mineração tem seu impacto ambiental – é um processo pesado que envolve liberação de substâncias tóxicas e de vez em quando acaba em grandes rompimentos de barragens. Mas é de longe uma opção melhor que a miséria ou a mineração ilegal. Se o negócio é legalizado, as empresas fazem inventários de fauna e flora, realocam animais antes de abrir a mina, tiram fotos e até registram detalhes do relevo para recompor a área de forma exata depois que a jazida se exaurir. Pagam indenizações bilionárias se algo der errado. Já em garimpos clandestinos, o sujeito já é um criminoso: fará pouca diferença se for um criminoso que não segue práticas ESG.

Nos anos 1960 e 1970, a ditadura militar embarcou na missão de "desbravar" a Amazônia. Criou programas de colonização que ofereciam terras de graça – com uma condição: derrubar pelo menos metade da floresta da propriedade. O objetivo de desbravar a qualquer custo era mais ideológico do que econômico: o motor do desenvolvimento daquela época estava nas cidades e nas áreas agrícolas do Sul e Sudeste.

Hoje, o pêndulo foi para o outro extremo: proteger a qualquer custo, mesmo que isso custe a dignidade de quem mora na Amazônia. Proíbe-se a agricultura mais produtiva, bloqueia-se a construção de estradas, criminaliza-se quem tenta produzir comida. O morador da Amazônia é condenado à estagnação em nome de uma floresta intocada. É o que o filósofo Alex Epstein chama de "abordagem anti-humana": uma visão ambientalista irreal que atropela o bem-estar e o florescimento das pessoas. É preciso sair desses extremos e buscar uma conciliação.

# A pecuária é a causa do desmatamento da Amazônia?

Muita gente acredita que sim. E, por muito tempo, eu também achei. As imagens de satélite parecem não deixar dúvida: cerca de 75% das áreas recém-desmatadas na Amazônia viram pasto. Mas, como quase tudo no debate ambiental, a história é mais complicada.

Entender essa questão exige que a gente respire fundo e mergulhe no caos institucional das terras da Amazônia brasileira. Cerca de 58 milhões de hectares da região (uma área maior que a França) são terras devolutas – áreas públicas sem destinação. Outros 125 milhões de hectares são terras públicas protegidas – nas quais mora muita gente, indígenas ou não, que se considera proprietária das terras. Milhares de hectares supostamente públicos têm matrículas e escrituras atestando proprietários privados.

A confusão é tamanha que as sobreposições de posse equivalem a 50% de toda a área registrada no Brasil. Essa incerteza de propriedade joga areia na engrenagem da economia local. "A produção nessas áreas fica comprometida: não é possível pleitear financiamento nem certificar a origem dos bens produzidos, deixando-os à margem dos mercados formais", dizem os economistas Gesner Oliveira e Artur Villela Ferreira. "O resultado é uma produção ineficiente, do ponto de vista de uso da terra e de recursos naturais."[54]

Essas terras sem dono ou com donos indefinidos acabam ocupadas por pessoas tentando obter a posse. Com esse objetivo em mente, derrubar a mata vira uma forma de marcar território e pressionar por regularização. O problema é que a floresta volta a crescer quando não há uso contínuo: é aí que entram o pasto e o boi.

Colocar gado é uma forma barata e até lucrativa de impedir que a floresta se regenere. O boi vira uma espécie de "zelador da área desmatada", como diz uma pesquisadora do Instituto de

Pesquisa Ambiental da Amazônia (IPAM).[55] O gado é mais consequência do desmatamento do que sua causa. "O primeiro uso que se dá às terras desmatadas no Brasil é a pecuária. Mas o objetivo não é necessariamente ganhar dinheiro com essa atividade. É ganhar dinheiro com a venda das terras", diz o engenheiro agrônomo Marcelo Stabile.[56]

Quem acha que a maior parte da carne brasileira vem de áreas recém-desmatadas desconhece o Big Brother de satélites ao qual os fazendeiros estão submetidos. As fazendas são vigiadas por serviços de imagens de satélite de organizações privadas, órgãos públicos e dos principais frigoríficos. Em 2009, frigoríficos e associações de exportadores assinaram um acordo, que ficou conhecido como Moratória da Carne, se comprometendo a não comprar de áreas que foram desmatadas depois de 2008 – mesmo que sejam desmatamentos legalizados que atendam às exigências da lei de conservar 50% ou 80% da mata nativa. Assim, os frigoríficos passaram a vigiar seus fornecedores.

Não há sistema de monitoramento mais rígido no mundo, como mostra o caso de um fazendeiro de Campo Novo dos Parecis (MT). Em 2023, ele obteve autorização de desmate de 10 hectares para construir o canal de uma pequena hidrelétrica. Meses depois, recebeu um comunicado da Marfrig, segunda maior processadora de carne do mundo, informando que o cortou da lista de fornecedores devido à detecção de desmatamento em sua propriedade.

Não bastou o proprietário esclarecer que o desmatamento era autorizado. Para voltar a vender sua produção, teve que usar um artifício jurídico: desmembrou a área em duas, para manter a criação de gado na área oficialmente sem desmatamento.

Situações como essa são comuns. Às vezes, o produtor deixa um pedaço de terra parado, tempo suficiente para o mato crescer. Quando decide "limpar" a área, os satélites interpretam como novo desmatamento. Resultado: multa, embargo, bloqueio de crédito e suspensão de vendas aos frigoríficos e *traders* de grãos, até o proprietário explicar o mal-entendido.

# 4. As vantagens ambientais do plástico

## VOCÊ TEM TODA A RAZÃO EM ODIAR SACOLAS E CANUDINHOS DE PAPEL

Tem coisas que eu odeio – e adoro odiar. Seria mais civilizado mostrar ao leitor apenas sentimentos nobres e positivos (talvez eu tenha um ou outro desses), mas não consigo: preciso falar sobre o que me faz ranger os dentes. Eu odeio a conversinha de diretor de escola infantil sobre seu objetivo de "não apenas ensinar os alunos, mas formar cidadãos". Odeio pisar em peças de Lego que meu filho deixa espalhadas pela casa. Odeio os pôsteres, camisetas e tatuagens da Frida Kahlo (em momentos mais paranoicos chego a supor que a Frida Kahlo me persegue; basta eu sair para caminhar com o cachorro que mulheres com franja vegana repletas de estampas das sobrancelhas da Frida Kahlo se aproximam de mim; certamente há um conluio entre elas para que eu volte correndo e aterrorizado para casa).

Mas nada, absolutamente nada, desperta mais meu ódio que a sacola de papel.

Essa entidade disfarçada de consciência ecológica rasga no meio do caminho, se desintegra diante da menor umidade e exige duas mãos para carregar meia dúzia de compras – e ainda espera ser aplaudida por isso. A sacola de papel é o retrato perfeito de nosso tempo: frágil e vendida como um avanço moral. Ela não apenas falha em ser prática – ela faz questão de esfregar na sua cara que praticidade é pecado. Com ela, a humanidade conseguiu o prodígio de transformar o simples ato de carregar compras numa performance de culpa e virtude.

Por isso eu fiquei feliz como um cachorro solto no açougue quando descobri que, além de tudo, a sacola de papel é uma farsa ecológica. Em quase todos os critérios ambientais, ela perde para a sacola de plástico descartável e a maioria dos outros materiais. Emite mais dióxido de carbono, mais metano, gasta mais energia, 4 vezes mais água, causa mais acidificação da atmosfera e mais eutrofização (quando a água de rios ou mares recebe excesso de nutrientes, como nitrogênio e fósforo, e perde a concentração de oxigênio).

O leitor mais desconfiado talvez esteja suspeitando dessa afirmação; afinal, o papel é biodegradável, ao contrário do plástico. Mas, como afirmo no capítulo 8, isso significa muito pouco em aterros sanitários. Além disso, a destinação é apenas um entre dezenas de critérios ambientais. Para comparar o impacto das embalagens, não podemos nos concentrar só no que acontece depois que vão para o lixo. Precisamos considerar toda a vida do produto – "do berço ao túmulo", como dizem os entendidos.

Na verdade, desde antes do berço: é preciso considerar o impacto da extração ou produção de matérias-primas, incluindo o uso de fertilizantes e o desmate da área destinada a essa produção, o transporte

> **O PLÁSTICO NÃO TEM O CHARME RÚSTICO DO VIDRO NEM O VERNIZ ÉTICO DO PAPEL RECICLADO. MAS É QUASE SEMPRE A OPÇÃO MAIS SUSTENTÁVEL.**

dessas matérias-primas, a fabricação, o armazenamento e o transporte dos produtos para o consumidor, a água utilizada, os produtos químicos derramados, e o lixo gerado pelo descarte, a taxa de reciclagem e muitos outros fatores. Levando tudo isso em consideração, os especialistas em gestão ambiental criam um relatório enorme e chatíssimo chamado "Avaliação do Ciclo de Vida" (ACV).

Os dados das Avaliações do Ciclo de Vida nem sempre facilitam as coisas. Com frequência nos informam que alguns produtos causam menos impacto num quesito, mas mais em outros. Cabe a nós decidirmos qual critério ambiental priorizar.

Complica ainda mais. Os resultados também variam de país para país, já que cada um tem diferentes fontes de energia, distâncias, condições de transporte ou taxas de reciclagem. Por exemplo, como a produção de latas de cerveja ou refrigerante exige muita energia para derreter o alumínio, a emissão de carbono causada por essa atividade varia imensamente. Se a fonte de energia é nuclear, as emissões podem ser 80% menores do que numa fábrica de latas movida a carvão.

Com tantas variáveis, as Avaliações do Ciclo de Vida são bastante vulneráveis ao lobby das fabricantes. Cada indústria puxa a sardinha para seu lado, ressaltando benefícios e atenuando danos de seus produtos. Para combater essa pressão e aumentar a confiança, institutos criam padrões para as análises. A ISO 14040, por exemplo, estabelece que o estudo tenha uma meta bem definida, explique exatamente quais processos estão incluídos, detalhe as fontes de

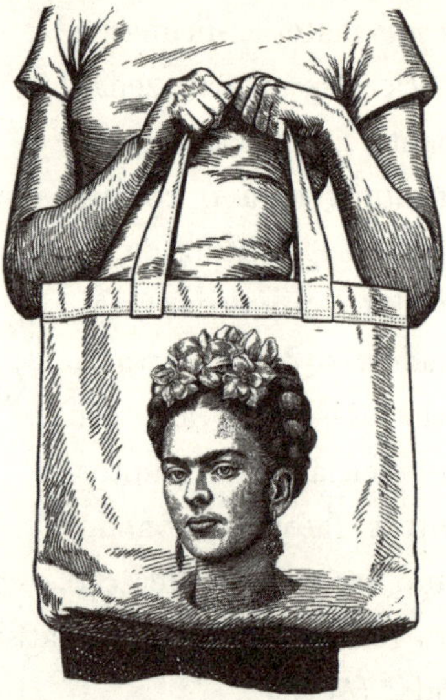

dados, interprete os resultados sem truques ou manipulações e submeta o relatório a uma revisão crítica independente.

Mas enfim: qual o veredito das Avaliações do Ciclo de Vida sobre o impacto ambiental do plástico e do papel?

A imensa maioria delas conclui que as sacolas de plástico causam menos, mas muito menos impacto que as de papel, as reutilizáveis de plástico e até mesmo as sacolas de algodão – aquelas que costumam ser estampadas com as quase imperceptíveis sobrancelhas da Frida Kahlo.

A Agência Ambiental do Reino Unido, em um estudo conduzido em 2006 e revisado em 2011, concluiu o seguinte:

- A produção de sacolas de papel consome cerca de 6 vezes mais água e 4 vezes mais energia que a de sacolas de plástico.
- As de algodão consomem 173 vezes mais água e 160 vezes mais energia.
- No transporte, sacolas de papel gastam pelo menos 3 vezes mais energia que as de plástico – e as de algodão, 50 vezes mais.
- Considerando que uma sacola de plástico é reutilizada 40% das vezes (como saco de lixo, por exemplo), uma sacola de papel precisa ser reutilizada pelo menos 4 vezes para emitir a mesma quantidade de carbono. As de algodão precisam ser reutilizadas 173 vezes.[57]

Já o relatório *Single-use plastic bags and alternatives: recommendations from Life Cycle Assessments*, publicado pela ONU em 2020, analisou sete Avaliações do Ciclo de Vida de sacolas plásticas descartáveis e suas alternativas. Algumas conclusões:

- Sacolas de algodão têm o maior impacto inicial: precisam ser reutilizadas centenas de vezes (entre 50 e 150 vezes) para compensar o alto custo ambiental da produção.
- As de papel têm impacto alto especialmente por consumo de água e energia na produção. Além disso, rasgam facilmente, o que dificulta a reutilização.
- Sacolas plásticas finas, apesar de serem associadas a lixo e poluição visual, têm o menor impacto ambiental na produção – mas causam estrago se não forem corretamente descartadas.[58]

A Agência Dinamarquesa de Proteção Ambiental, por sua vez, analisou quantas vezes uma sacola precisa ser reutilizada para ter um impacto ambiental tão baixo quanto a de plástico. As de algodão orgânico foram as que se saíram pior: precisam ser reutilizadas 2.375 vezes. As reutilizáveis de plástico reciclado ou de TNT (tecido não tecido), feitas de polipropileno, se saem melhor – em média precisam ser usadas de 8 a 25 vezes para valerem a pena.[59]

Dava pra passar umas vinte páginas citando estudos como esses, mas vamos só a mais um, juro: o relatório *Climate impact of plastics*, publicado em 2022 pela consultoria McKinsey. Esse incluiu mais materiais e mais tipos de objetos: sacolas, vasilhames de refrigerante, copos d'água e embalagens para sabonete feitos de plástico, papel, vidro, alumínio, aço, madeira e algodão, bem como embalagens para carne fresca e comida para pets. O estudo concluiu que, em 13 de 14 produtos fabricados nos Estados Unidos, os plásticos foram os campeões da sustentabilidade. (Encho a boca para repetir essas palavras: *plásticos, os campeões da sustentabilidade*.)

"Os plásticos são frequentemente criticados por tudo, desde sua toxicidade até sua contribuição para a poluição dos oceanos, mas eles desempenham um papel importante em aumentar a eficiência do uso de recursos e reduzir as emissões de gases de efeito estufa", diz o estudo. A conclusão da McKinsey é que, se quisermos fazer escolhas realmente sustentáveis, não podemos nos deixar guiar pela aparência ou pelo marketing. "Ao escolher materiais com base na aparência, e não na Avaliação do Ciclo de Vida, corre-se o risco de piorar, e não melhorar, os resultados ambientais."[60]

Do mesmo modo, sacolas, copos, garrafas e canudos de plástico pontuam melhor nas análises que seus equivalentes de papel. No caso das garrafas de refrigerante, a garrafa de plástico PET teve a menor emissão de carbono – metade da emissão de uma lata de alumínio e um terço da emissão de uma garrafa de vidro. Em embalagens de leite, a garrafa plástica se saiu melhor que a cartonada de papel, a Tetrapak.

Para quem não confia em consultorias privadas, que tal outro estudo da ONU? A organização resumiu as conclusões de dez Avaliações do Ciclo de Vida de vasilhames. Os estudos foram realizados em países diversos como Canadá, Colômbia, União Europeia, Ilhas Maurício, Nova Zelândia, Peru, Ruanda, Santa Lúcia, Cingapura e Tailândia. Segundo o relatório, a tão demonizada garrafa PET, essa mesma que boa parte dos militantes verdes adoraria banir, é na verdade a campeã da eficiência ambiental. Leve, de produção barata e com impacto de carbono baixíssimo no transporte. Se reciclada direitinho, ela ainda reduz em até 30% o impacto ambiental.

Já o vidro é um desastre logístico. Pesa até 20 vezes mais que o PET e emite de 3 a 4 vezes mais carbono na hora de ser transportado. Só compensa se for reutilizado mil vezes – o que acontece com tanta frequência quanto meu filho mais velho arrumar o quarto.

As garrafas de alumínio têm impacto ambiental inicial muito alto devido à mineração de bauxita, mas se tornam uma boa alternativa quando recicladas. No final, o relatório da ONU chega a uma conclusão pouco sexy para campanhas publicitárias: não adianta trocar plástico por vidro ou alumínio achando que salvou o planeta. O que faz diferença de verdade é tomar uma simples atitude de adulto de jogar lixo no lixo.

## Estupidamente verde

O plástico vence facilmente o papel em sustentabilidade principalmente por dois motivos: é muito leve e sua matéria-prima é muito fácil de produzir. Diferente de materiais que exigem mineração pesada, desmatamento ou gasto gigantesco de energia, o plástico nasce de um processo um tanto oportunista. Como vimos no primeiro capítulo, as resinas plásticas são uma espécie de lixo reaproveitado do refino do petróleo.

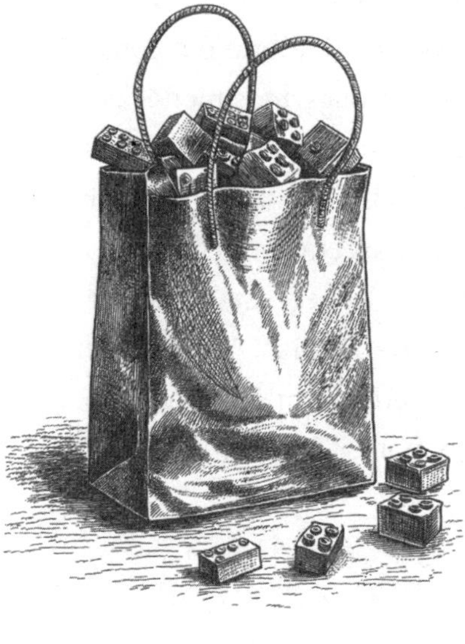

O que eu me rasgo para entender é o seguinte: por que tantas empresas, muitas delas com desejo genuíno de serem mais sustentáveis, ignoram os benefícios ambientais do plástico?

A Lego decidiu em 2020 deixar de dar sacolas de plástico para seus clientes, substituindo-as por papel. Quatro anos depois, a empresa decidiu trocar para papel até mesmo os saquinhos, antes feitos de polipropileno, que guardam as peças de partes diferentes dos conjuntos. O diretor de sustentabilidade da Lego usou palavras pomposas para anunciar a mudança: "A transição para sacolas de papel é um marco importante na jornada do Grupo LEGO em direção a materiais sustentáveis", disse.

Mas veja só. De acordo com o estudo realizado pelo governo da própria Dinamarca, país da Lego, uma sacola de papel branqueado causa a emissão de 71 gramas de carbono – mais que o dobro de uma sacola plástica. E veja que esse estudo é o que mostra uma diferença pequena. Se nos basearmos na análise do Reino Unido, a diferença salta para 3,4 vezes. Ou seja: a atitude supostamente sustentável da Lego vai, na melhor das hipóteses, dobrar as emissões de carbono causadas por essas embalagens!

As sacolas que cabiam confortavelmente em um único caminhão-baú agora, feitas de papel, precisam de cinco para serem transportadas. Dá pra acreditar que alguém considera isso sustentável? Fiz essas perguntas para a assessoria de imprensa global da empresa, mas não obtive resposta.

Tem ainda a questão do preço. Sacolas de papel custam 10, às vezes 20 vezes mais que as de plástico do mesmo tamanho. Pouco ambientalista liga para isso, mas o preço precisa ser levado em consideração. Ele abre um custo de oportunidade: ao pagarmos menos por uma sacola ou um canudinho, estamos economizando um valor que podemos gastar em outras atividades – ou mais poluidoras ou mais sustentáveis, como projetos de proteção a animais em extinção (*veja o gráfico a seguir*). Sacolas, canudinhos e copos de papel custam, dependendo do país, 3, 4, até 10 vezes mais que os de plástico. Na Amazon americana, o cento da sacola de papel de mercado mais barata que encontrei sai por US$ 29,6. Já a de plástico, por US$ 5. A diferença é de quase 500%.[61]

## SACOLA DE PAPEL vs. SACOLA DE PLÁSTICO

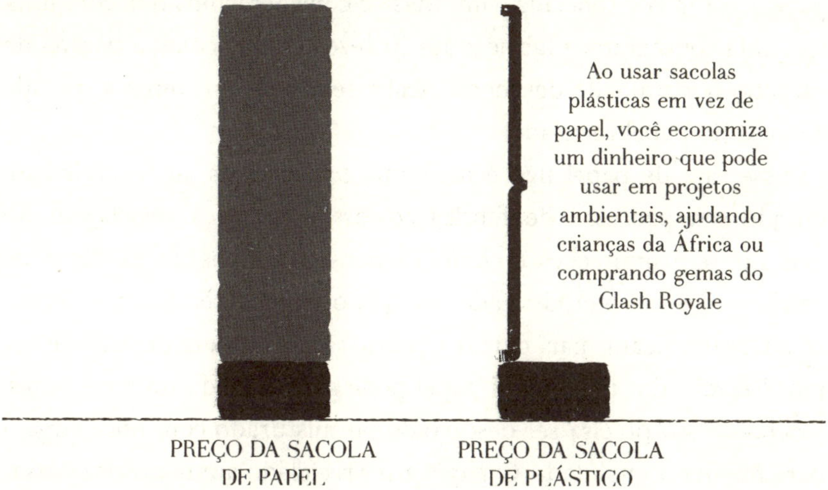


Veja o grau de genialidade a que chegamos em pleno século XXI: empresas pretensamente ecológicas estão gastando mais com sacolas de papel que emitem mais carbono na atmosfera.

"Ah, mas veja bem, é papel reciclado." Bem, vamos a ele então. O papel reciclado é, na maioria das vezes, mais sustentável que o papel comum – mas não o bastante para ser mais sustentável que o plástico. Lá vou eu de novo com os relatórios das ACVs: a maioria das agências ambientais concluem que o papel reciclado tem uma vantagem um tanto modesta em relação ao papel virgem. O Departamento de Meio Ambiente do Reino Unido (DEFRA) tem uma base de dados de emissões criada para orientar empresários interessados em calcular a pegada de carbono de seus negócios. De acordo com as tabelas da DEFRA de 2025, a produção de uma tonelada de papel virgem emite 1.339 quilos de $CO_2$ por tonelada, enquanto a do papel reciclado, 22% menos (1.044 kg $CO_2$/t). Já a produção de uma tonelada de polietileno de baixa densidade, o componente mais comum das sacolas plásticas, quase 3 vezes mais: 2.950 quilos de $CO_2$ por tonelada.

Esses números provam que o plástico emite mais carbono que o papel, certo? Por tonelada, sim. Mas se considerarmos que com uma tonelada conseguimos fabricar até 10 vezes mais sacolas, a pegada de carbono por unidade despenca. Acaba sendo de um terço a metade daquela do papel reciclado.

Esse tipo de papel não é nenhuma panaceia da sustentabilidade porque seu processo de fabricação, assim como a reciclagem do plástico, tem limitações e complicações. Para começar, as fibras de celulose não são eternas: cada vez que o papel é reciclado, as fibras se quebram, ficam mais curtas e mais fracas, até que deixam de ser reutilizáveis. Em média, um papel pode ser reciclado de 5 a 7 vezes, e depois disso precisa ser descartado ou misturado com fibra virgem para manter a qualidade. O papel a ser reciclado ainda precisa passar por uma série de etapas intensivas em energia e água – incluindo remoção de tinta, branqueamento e reprocessamento – que também deixam sua marca no planeta. Mas o papel reciclado tem uma característica que o plástico dificilmente terá: a imagem de ecologicamente correto. E, para boa parte das empresas e 100% dos departamentos de marketing, a imagem é o que importa.

Para ser justo com o papel, é preciso reconhecer que o mundo tem hoje muitas indústrias papeleiras modernas, sérias e preocupadas com o meio ambiente. Elas têm sistemas impressionantes de geração de energia a partir de cascas, galhos e lascas das árvores. Fomentam e apoiam a reciclagem do papel, e estudam formas de produzir mais matéria-prima ocupando menos área. Por causa dessa preocupação a poluição causada pelo papel vem caindo nas últimas décadas. Eu mesmo espero gastar muito papel vendendo milhares de cópias deste livro – e, quem sabe, ajudando a financiar a próxima safra de eucaliptos. Meu ponto é que é melhor deixar o papel para funções em que ele não é facilmente substituível pelo plástico. Por um mundo com mais livros – e menos sacolas e canudos de papel.

## A maldição do produto perfeito – e como evitá-la

Se um dia uma empresa conseguisse criar o produto perfeito, como ele seria? Provavelmente custaria quase nada – alguns centavos, no máximo. Seria leve como uma folha, mas forte o suficiente para aguentar pancadas. Não rasgaria com chuva, resistiria à umidade e à ação do tempo. Se a função fosse carregar coisas, esse produto carregaria com facilidade mil vezes seu próprio peso. Seria reutilizável, dobrável, empilhável, disponível em todo lugar e fabricado com subprodutos que, de outro modo, seriam jogados fora. Parece futurismo, utopia tecnológica, mas esse produto perfeito deve estar aí perto de você, num canto da cozinha: a sacolinha plástica de supermercado.

Espetacular, não? Mas é aí que mora o problema. Sacolas e outros objetos de plástico são produtos tão próximos da perfeição que os utilizamos demais. Algumas estimativas apontam que, em todo o mundo, utiliza-se quase 1 trilhão de sacolas por ano. Por um custo perto de zero, elas ajudam bilhões de pessoas a carregar objetos, embalar o lixo de casa, proteger coisas da chuva e até improvisar capas de sapato em dias de lama. Mas mesmo que apenas uma pequena parte desse total não seja despejada corretamente – digamos, 0,5% –, o resultado é este: 5 bilhões de sacolas se acumulando na natureza. Rios de sacolas, chuvas de sacolas, mares de sacolas, sacolas voando na praia, sacolas plásticas em todo lugar.

As embalagens de plástico sofrem do que eu chamo de "a maldição do produto perfeito": são tão úteis, eficientes e baratas que ficamos inundados por elas – e não conseguimos substituí-las.

Pior ainda, quando os plásticos vão parar na natureza, suas vantagens se transformam em enormes desvantagens. Por causa de sua durabilidade, a cada ano, toneladas e mais toneladas se acumulam em rios e mares. O preço baixo também acaba atrapalhando as coisas. Não vale a pena reciclar o plástico porque as resinas virgens são melhores e baratas demais.

Como evitar essa maldição? Muitas cidades, como San Francisco, Nova York, Vancouver e Paris resolveram simplesmente banir as sacolas. Mas é estúpido e um tanto autoritário proibir os seres humanos de aproveitarem uma tecnologia tão incrível e com tantas vantagens ambientais.

Em países pobres, onde cada centavo gasto a mais aqui resulta em menos comida na mesa, proibições como essa são não só ineficientes, mas cruéis. Veja o caso de Nairóbi, no Quênia. Em 2017, o governo implementou uma das leis mais severas do mundo contra sacolas plásticas: multas de até US$ 40 mil e 4 anos de prisão para quem tivesse a audácia de fabricar, vender ou até mesmo usar uma sacolinha. A lei foi elogiada pela ONU, mas o meio ambiente não viu diferença nenhuma. Criou, isso sim, um próspero mercado negro de sacolinhas contrabandeadas da Etiópia.

A lei criminalizou pequenos lojistas, criou corrupção (fiscais passaram a cobrar propina de comerciantes) e empurrou consumidores

> BANIR SACOLAS E CANUDINHOS PLÁSTICOS ATRAPALHA TANTO OS CONSUMIDORES QUANTO O MEIO AMBIENTE.

para alternativas mais caras e menos sustentáveis. Em vez de um símbolo de progresso, a proibição queniana virou um retrato da arrogância ambiental e do costume de impor sacrifícios simbólicos e ineficazes ao cidadão comum.[62]

Já em países ricos ou de renda média, faz mais sentido incentivar as pessoas a usarem menos e reutilizarem mais. Uma das estratégias mais eficazes é simplesmente atribuir um preço mínimo às sacolas plásticas. Não se iluda: não existe sacola grátis. O custo delas já é repassado, de forma invisível, nos preços dos produtos do supermercado. A diferença é que, quando a cobrança é explícita – mesmo que irrisória –, ela muda o comportamento do consumidor de maneira impressionante. A atribuição de um preço fez o consumo de sacolas, em poucas semanas, cair 86% na Inglaterra, 84% no município de São Paulo, 83% em Montevidéu, no Uruguai, 90% em Washington D.C., 60% em Hong Kong. Um pequeno preço para uma grande diferença.

Ainda assim, pouco adianta reduzir o uso de plásticos descartáveis se a coleta de lixo não fizer seu trabalho. Em vez de nos importunarem com leis e proibições, os políticos deveriam, antes de tudo, garantir que o sistema de coleta de lixo funcione.

## Canudinho de papel: sadismo disfarçado de sustentabilidade

O copo de milkshake chega a sua mesa como uma promessa. Alto, gelado, coberto de chantili e com gotas de calda escorrendo pelas bordas. Você se inclina para dar o primeiro gole, já sentindo a doçura invadir a boca. Mas então percebe que entre seus lábios e o milkshake há um enviado de Satanás: um canudinho de papel. Você suga e o canudo já se rende, amolecendo tão rápido quanto seu entusiasmo. O tubo se achata e colapsa; a ponta começa a se desfazer na língua, produzindo uma sensação tão deliciosa quanto lamber o canto de uma caixa de sapato.

Bem, pelo menos foi uma boa atitude ambiental, que evitará que canudos parem na narina de tartarugas marinhas, certo?

Não. Assim como as sacolas, os canudinhos de papel causam mais impacto ambiental que os de plástico – e oferecem benefícios duvidosos. Uma análise feita em 2022 mostrou que canudos de polipropileno têm menos da metade do impacto dos de papel em várias categorias ambientais. Mesmo simulando que 20% fossem parar no oceano, o plástico ainda saiu como a melhor opção. Outro estudo, no Brasil, reforçou a conclusão: os canudos plásticos tiveram melhor desempenho em 10 de 11 critérios quando comparados aos de papel e reutilizáveis.[63] O canudinho de papel é puro sadismo disfarçado de sustentabilidade.

O leitor mais ecoangustiado talvez pergunte: “Mas e as tartarugas? Será que meu canudinho não vai parar nas narinas de uma delas?” Fique tranquilo: a chance é minúscula. De todos os 350 milhões de toneladas de lixo plástico produzidos por ano no mundo, 0,5% vai parar no mar. A maior parte são linhas e redes de pesca abandonadas.[64] Os canudos e mexedores de plástico somam 0,003% desse lixo, de acordo com um levantamento da ONG Ocean Conservancy.

O despejo de lixo plástico no mar acontece principalmente em países populosos, pobres e formados por arquipélagos – onde milhões de pessoas vivem ao redor de rios e do litoral. É o caso das Filipinas. Formada por 7 mil ilhas, as Filipinas têm uma área menor que a da Califórnia, mas uma linha costeira mais comprida que os Estados Unidos inteiro. Segundo um estudo de 2021, o país de 115 milhões de habitantes joga no mar 356 mil toneladas de plástico por ano. É mais que a Índia, o Brasil, os Estados Unidos e os países da África e da Europa juntos.

Se você não mora em países insulares da Ásia, está longe da praia ou num país com sistema de lixo minimamente aceitável, seu canudinho não vai parar na narina de uma tartaruga. Mas se você é dono de um bar flutuante ou na beira da praia, e seus consumidores costumam estar alcoolizados e descuidar do próprio lixo, talvez seja uma boa ideia simplesmente deixar de fornecer canudos. Mas usar canudo de papel, jamais. Nosso paladar não merece.

## E os microplásticos?

Microplásticos são partículas minúsculas – menores que cinco milímetros – que surgem da degradação de plásticos maiores ou são liberadas diretamente de tecidos sintéticos, tintas e cosméticos. Com técnicas cada vez mais sensíveis, cientistas detectaram microplásticos em praticamente tudo: no sangue, nos pulmões, na placenta, no leite materno – e, mais recentemente, até no cérebro. O avanço da tecnologia de medição, capaz de identificar traços em partes por bilhão, transformou algo invisível em um problema visível. Mas será mesmo um problema?

Por enquanto, ainda é cedo para dizer. Apesar do alarme crescente, a ciência ainda não tem certeza se os microplásticos representam uma ameaça séria.

Todos os dias nós ingerimos milhares de micropartículas ao comer ou ao respirar. Partículas de algodão e fibras têxteis, poeira doméstica formada por ácaros e suas fezes, fumaça de carros, velas, incensos e pólen, areia, terra, fuligem de queimadas. De todas as partículas que formam a poeira à qual estamos expostos, as plásticas são uma parte pequena – segundo um estudo, 0,001%.[65] Algumas das partículas que existem no ar são mais perigosas que outras. As de amianto, de sílica e as provenientes de motores a diesel são carcinogênicas – assim como a poeira de madeira, relacionada a câncer entre quem se expõe a ela diariamente, no trabalho em marcenarias. Já as partículas vindas do algodão e dos plásticos são consideradas menos tóxicas.

**A POEIRA É FORMADA POR PARTÍCULAS DE ALGODÃO, ÁCAROS, MADEIRA, AREIA, TERRA E FULIGEM DE QUEIMADAS. DENTRE ESSAS, AS DE PLÁSTICO ESTÃO ENTRE AS MENOS TÓXICAS.**

Polímeros – as moléculas que formam os plásticos – são grandes demais para entrar nas células, por isso não são absorvidos nem metabolizados pelo corpo. Com base em décadas de testes toxicológicos, os polímeros ganharam isenção de várias regulamentações rígidas aplicadas a substâncias químicas menores. A FDA, por exemplo, considera a maioria dos plásticos inertes o suficiente para embalar alimentos e remédios, e mesmo para compor equipamentos e mecanismos médicos.

Uma revisão de estudos sobre os efeitos à saúde humana dos microplásticos em peixes que humanos consomem, publicada em 2022, concluiu o seguinte: "Em humanos, diversos efeitos tóxicos potenciais dos microplásticos já foram levantados como hipótese; no entanto, até o momento, os dados disponíveis não são suficientes para fazer uma avaliação confiável dos riscos à saúde humana."[66]

Outro estudo publicado na *Nature* usou uma técnica criativa. Fez peixes-zebra (*Danio rerio*) ingerirem microplásticos fluorescentes. Depois, usando microscopia de fluorescência, os pesquisadores acompanharam o que aconteceu com essas partículas no corpo dos peixes. Descobriram que a maior parte das partículas era eliminada em poucas horas. Após 24 horas, quase todos os microplásticos já haviam sido expelidos, com retenção mínima no organismo, especialmente para partículas menores.[67]

Com novos métodos de análise, cientistas finalmente estão conseguindo medir a presença de microplásticos com mais precisão e em grupos humanos maiores. Por isso, essa área de estudos deve ganhar grandes contribuições nos próximos anos. Até os resultados desses estudos mais consistentes saírem, vale ficar atento – mas manter a calma.

## Fake news: "Você ingere o equivalente a um cartão de crédito em microplástico por semana"

Saúde

**Ingestão semanal de plástico equivale a um cartão de crédito. Entenda**

Estudo recente mostra que os humanos consomem cerca de 5 gramas de pequenas partículas de plástico por semana

Thalita Vasconcelos

01/04/2022 16:03, atualizado 01/04/2022 16:49

METRÓPOLES

CNN Health Life, But Better Fitness Food Sleep Mindfulness Relationships

**You could be swallowing a credit card's weight in plastic every week**

By Isabelle Gerretsen, CNN

Uma característica das fake news difundidas por ambientalistas é que elas são institucionalizadas. Nascem de pesquisas de universidades e organizações que parecem sérias, têm roupagem científica e por isso acabam engolidas por jornalistas ávidos por notícias ambientais alarmantes. Um bom exemplo disso é a mentira de que ingerimos 5 gramas de microplástico por semana, o equivalente a um cartão de crédito.

O número surgiu num relatório conduzido em 2019 pela Universidade de Newcastle, da Austrália, e pago pela organização ambientalista WWF. O próprio estudo indicava uma faixa ampla de ingestão de microplásticos — de 0,1 grama a 5 gramas por semana —, dependendo da região e da qualidade da água. O dado original era apenas uma compilação de estudos anteriores, com metodologias heterogêneas e sem controle populacional. Nenhuma análise direta da quantidade real de plástico ingerido.

Apesar disso, a agência Reuters publicou a história: *Você pode estar comendo o equivalente a um cartão de crédito de plástico por semana*. A notícia foi republicada ou inspirou novas reportagens em centenas de jornais de todo o mundo, como *Guardian*, *Der Spiegel*, *La Repubblica*, *New York Times*, *CNN*, *BBC*, *Le Monde*, *Le Figaro*, *Folha de S.Paulo*. Aos poucos, a faixa de 0,1 grama a 5 gramas foi ficando de lado – e as manchetes se concentraram no extremo superior da estimativa.

Meses depois desse alarde, estudos mais sérios mostraram que até mesmo 0,1 grama era um dado absurdamente exagerado. Pesquisadores de Cingapura viram falhas graves na estimativa da Universidade de Newcastle e afirmaram que a ingestão real de microplásticos é da ordem de milionésimos de grama por semana – para ser exato, 0,0000013 grama.[68] Ao longo da vida, você mal chegaria a 0,005 grama. Outro estudo concluiu que "um humano come o equivalente a um cartão de crédito em microplástico não a cada semana, mas a cada 23 mil anos".[69] Nenhum dos jornais citados acima se desmentiu nem publicou reportagens sobre esses novos estudos.

# 5. COP: O Oscar do narcisismo climático

## A CONFERÊNCIA DA ONU VIROU UM DESFILE DE VIRTUDES SEM RESULTADOS

O primeiro-ministro da Índia, Narendra Modi, costuma ser um dos líderes que mais despertam elogios durante a COP, a Conferência das Partes, o principal evento mundial sobre o clima. Na COP26, em Glasgow, em 2021, Modi emocionou a plateia ao anunciar que o país alcançaria "zerar emissões líquidas até 2070" e reduziria a intensidade de carbono da economia em 45% até 2030. Apesar de, nas negociações, representantes indianos se recusarem a assinar acordos de financiamento climático e redução de emissões, as palavras do primeiro-ministro encantaram a imprensa. Uma reportagem da

Bloomberg disse que "o compromisso ousado" da Índia "mudou o tom da conferência". Um economista do World Resources Institute disse que as novas promessas "colocarão a Índia em um caminho de desenvolvimento de baixo carbono e enviarão sinais fortes para todos os setores da indústria e da sociedade".[70]

**O PÚBLICO DA COP NÃO ESPERA QUE SEUS PROTAGONISTAS FALEM A VERDADE. O IMPORTANTE É O GESTO SIMBÓLICO, O DISCURSO EMOCIONADO, A REVERÊNCIA AO VALOR SAGRADO DA SUSTENTABILIDADE.**

No ano seguinte, a Índia encabeçou um movimento para que os países reduzissem o uso de combustíveis fósseis. "O apelo da Índia é um começo muito positivo para a segunda semana da COP", disse Fernanda de Carvalho, diretora global de Política Climática e Energética da WWF. "Parabenizamos a Índia pela sua proposta ousada."

Elogios à parte, como está sendo a transição energética da Índia? Bem, não está acontecendo. Apesar de toda a propaganda sobre o aumento de capacidade da energia renovável, a produção anual de energia solar e eólica aumenta devagar: passou de 3,1% em 2019 para 4,69% em 2023, enquanto a energia hidrelétrica perdeu 1 ponto percentual de participação. Enquanto isso, os combustíveis fósseis seguem fornecendo entre 88% e 89% da energia primária do país.[71] O que está, sim, acontecendo é um "*boom* do carvão na Índia", como diz o próprio governo.[72] Depois que o primeiro-ministro Modi abriu o mercado de exploração de carvão, em 2020, num evento chamado "Soltando as Rédeas do Carvão", a iniciativa privada passou a participar com mais força dessa atividade – e a produção viveu um salto. Em março de 2024, o governo anunciou em tom de comemoração o recorde da produção desse combustível fóssil:

**UM BILHÃO DE TONELADAS: REFORÇANDO O FUTURO ENERGÉTICO DA ÍNDIA!**

*A Índia alcançou um marco histórico na produção de carvão, ultrapassando a marca de 1 bilhão de toneladas (BT) em 20 de março de 2025, no ano fiscal de 2024-25. Essa conquista (...) destaca o avanço significativo da Índia no atendimento a suas demandas energéticas e na promoção do crescimento industrial, agrícola e econômico como um todo.*[73]

## O DISCURSO E A PRODUÇÃO DE CARVÃO MINERAL NA ÍNDIA

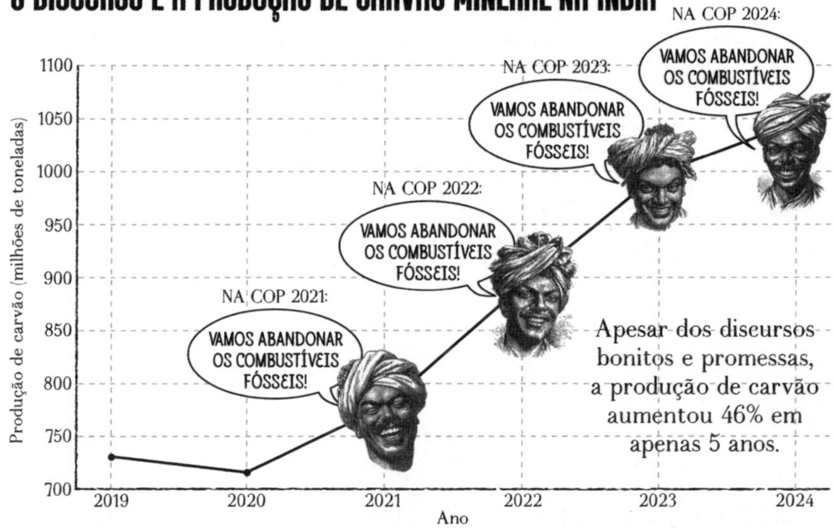

**QUANTO MAIS A ÍNDIA FALA NAS COPS EM ABANDONAR COMBUSTÍVEIS FÓSSEIS, MAIS COMBUSTÍVEIS FÓSSEIS PRODUZ.**

Nada contra: para enriquecer, a Índia precisa desesperadamente da energia abundante e confiável que os combustíveis fósseis oferecem. Mas parece haver uma leve contradição entre o que seus políticos prometem ao mundo e o que fazem em casa. Ao contrário da previsão de muitos jornalistas favoráveis à Índia, a produção de carvão disparou, de modo que a Índia já queima mais carvão mineral que a Europa e os Estados Unidos juntos. De 2019 a 2024, enquanto Modi falava bonito na COP, o país aumentou a produção de carvão em 46%.[74] Considerando a menor importação de carvão, o aumento do consumo foi de 20% em apenas 5 anos.

Veja só a distância entre o discurso e a prática. Na COP, o primeiro-ministro indiano diz com voz determinada e sensibilizada: "Vamos todos reafirmar nosso compromisso de trabalhar juntos por um planeta mais verde, limpo e saudável, pois temos uma só Terra, somos uma só família e compartilhamos um só futuro". Meses depois, aparece num card feito por seu time de Comunicação comemorando a marca de produção de 1 bilhão de toneladas de carvão. É hipocrisia que chama?

*"MARCO HISTÓRICO": em casa, longe da COP, o primeiro-ministro da Índia comemora a produção de 1 bilhão de toneladas de carvão mineral*

## Como se dar bem na COP sem fazer patavina para o clima

A Índia e outros políticos hábeis já perceberam qual é a da COP. Não é um lugar para se falar verdades ásperas e difíceis. O que vale é o gesto simbólico, o discurso firme e emocionado, a reverência ao valor sagrado do momento. Se no começo a COP servia para os países acordarem ações conjuntas na tentativa de resolver problemas ambientais específicos, hoje se transformou num ritual de devoção, um teatro em que a burocracia climática finge decidir os rumos do mundo. Nenhum outro ambiente revela tão bem a tendência de muitos ambientalistas de se contentar com palavras e boas intenções, não com resultados.

O economista Cameron Harwick chama de "concurso de devoção" o hábito de disputar quem demonstra mais lealdade a uma causa nobre – mesmo que isso não leve a nenhum resultado prático. Quem participa desse concurso prefere, em vez jogar a real, competir na corrida pelo troféu da virtude: quem se mostra mais puro, mais comprometido e devoto da causa. É como se a gente vivesse num mundo em que as falas "são julgadas não com base em sua precisão ou coerência, mas pelo grau em que refletem algum valor sagrado", escreveu Harwick. "O resultado é que o valor sagrado em questão acaba superando todos os outros valores, como verdade, coerência ou humanidade."[75]

*Concurso de devoção*: não há definição melhor para a COP. Em busca de se sair bem nesse concurso, as edições da COP vêm atraindo dezenas de milhares de peregrinos – e empresas, governos e políticos interessados em lavar a imagem aparecendo nas câmeras como devotos da emergência climática.

## Os participantes da COP acreditam no que dizem?

Muitos ambientalistas já perceberam que a COP é puro teatro. "A COP virou um circo", diz John Pabon, especialista em sustentabilidade na Austrália que participou da organização de painéis climáticos nos anos 2000. Desde essa época, diz ele, essas conferências mudaram. Justamente os países mais atrasados em cumprir suas metas do Acordo de Paris são os que montam os estandes mais impressionantes nos eventos do clima. Durante a COP29, Pabon ficou impressionado com a quantidade de "narcisistas climáticos" publicando fotos de sua presença na COP nas redes sociais. Ele acredita que a COP se tornou uma espécie de "Grammy da sustentabilidade": um evento realizado para as câmeras e para render boas publicações na imprensa e nas redes sociais.

> *Na semana passada, meu* feed *do LinkedIn foi bombardeado com publicações de todos os tipos – de CEOs a investidores e desconhecidos – voando até o deserto para discutir como salvar o planeta. Estão tirando fotos no tapete vermelho para ganhar prestígio e organizando painel atrás de painel. Mas será que algo disso vai realmente se traduzir nas ações urgentes que precisamos ver? A sustentabilidade se tornou, para muitos, um exercício centrado em circular por eventos.*[76]

Cada vez mais gente se acotovela para não ficar de fora dessa festa. A COP27, realizada em Sharm El-Sheikh, no Egito, foi anunciada como "a última chance para salvar o planeta". Um grito de socorro diante da emergência climática! Apesar de tamanho alarde, milhares de pessoas emitiram um bocado de carbono e embarcaram em massa para o charmoso balneário egípcio. Foram 33 mil pessoas credenciadas, o maior número da história até então. A Nigéria mandou 1.073 representantes, os Emirados Árabes 1.070, o Brasil 574, a República Democrática do Congo 459 – e até o Vaticano enviou uma comitiva. Havia também mais de 3,7 mil jornalistas e milhares de membros de ONGs, empresas e universidades, todos disputando comida e quartos nos hotéis à beira do Mar Vermelho.

Achou muito? Pois o ano seguinte deixou Sharm El-Sheikh no chinelo. Realizada em Dubai, a COP28 reuniu entre 85 mil e 97 mil pessoas – quase o dobro do recorde anterior. Virou o maior evento climático da história, e o mais contraditório. O Brasil levou 3.081 representantes, perdendo apenas para os Emirados Árabes, os anfitriões e donos de uma das maiores estatais petrolíferas do mundo. Ao todo, 8 países africanos enviaram mais de mil pessoas cada um. Como o Brasil, esses países vivem sérios rombos orçamentários, mas pelo jeito têm verba suficiente para bancar voos e hospedagens em um dos destinos mais caros do mundo. A COP28 foi tão inchada que precisou acontecer em dois locais distintos dentro da Expo City Dubai, com áreas exclusivas para governos, empresas e ONGs.

O evento cresceu tanto que fica difícil organizá-lo. Reclamações do preço astronômico de hotéis são comuns nas COPs, e os países-sede acabam gastando fortunas com a organização. Só o Brasil reservou R$ 1 bilhão do dinheiro dos pagadores de impostos para a COP30. Considerando 50 mil participantes, são cerca de R$ 20 mil gastos por pessoa.

Mas vem cá: se estamos mesmo diante de uma catástrofe climática iminente, faz sentido tanta gente cruzar o mundo para participar desses eventos? Será que uma reunião rotineira de presidentes, anunciando os acordos negociados em conferência por Zoom e café coado, não seria mais coerente com o discurso que esses milhares de ambientalistas, burocratas e políticos repetem? Difícil imaginar um jeito pior de mostrar que estamos numa corrida contra o tempo para conter um colapso climático.

A verdade é que esse festival de viagens desnecessárias revela algo embaraçoso: os próprios participantes não parecem acreditar na emergência climática sobre a qual tagarelam. Estão confortáveis e seguros o suficiente com o clima atual para desperdiçar emissões de carbono com voos e reuniões que poderiam muito bem se resumir a conversas online.

Alguém poderia argumentar que as emissões de carbono das viagens foram compensadas. Mesmo assim, seria ainda melhor não viajar – e ainda assim comprar os créditos de carbono para ter um saldo negativo de emissões. Se vivemos mesmo uma "ameaça existencial", todo esforço é bem-vindo, certo?

Até entendo essa turma: eu também adoro participar de congressos e festivais cheios de gente com ideias parecidas com as minhas. É gostoso sentir que você pertence a um grupo, reencontrar amigos, ter conversas estimulantes com intelectuais que admira, conhecer gente nova nos intervalos das palestras, terminar a noite entre gim, fofocas e karaokê com os amigos. Melhor ainda se o evento for em outro país – com passagens pagas, hotel bacana, crachá pendurado no pescoço e aquela sensação de estar entre os iluminados. Sinto-me parte de algo maior. Sinto-me importante. Mas não espero que esses eventos salvem o mundo – e nunca defenderia que o pagador de impostos fosse obrigado a bancar esses carnavais ideológicos.

Em defesa da COP, daria para dizer que um evento tão grandioso serve ao menos para colocar a mudança climática na pauta, chamar atenção da imprensa e do público para o problema. Mas depois de quase três décadas de conferências, a sensação de que a COP não tem função real além do narcisismo climático só cresce – e, no lugar da consistência, fica um vazio que *lobbies* de ONGs e empresas acabam ocupando.

## *Stop oil!* Mas antes, bora fechar este acordo de exploração

Em novembro de 2024, 428 cientistas, acadêmicos, ex-chefes de Estado e ativistas publicaram uma carta aberta pedindo mudanças profundas no formato das conferências do clima da ONU. A iniciativa foi organizada pelo Clube de Roma, uma organização conhecida por seu alarmismo desde os anos 1970 – quando previu, sem muito sucesso, o colapso iminente do crescimento econômico global. Para eles, a COP virou um ritual de promessas vazias, onde se fala muito e se cobra pouco. "Precisamos de reuniões menores, mais frequentes, voltadas para soluções concretas", escreveram, propondo que os encontros se transformem em "reuniões focadas em solução". Os signatários da carta também pediram que os anfitriões das COPs sejam escolhidos com mais critério, preferencialmente entre países com ambição climática de verdade, e que o espaço dado a lobistas diminua, dando lugar à "participação de cientistas, povos indígenas e nações vulneráveis".

Num ponto os signatários da carta estão certos: as COPs foram mesmo tomadas por lobistas. "Tornou-se uma feira de negócios", como me disse um representante do governo brasileiro. Na COP28, realizada em Dubai, mais de 2.400 representantes da indústria de óleo e gás receberam credenciais oficiais para circular nas reuniões de negociações climáticas. Foi um recorde – quase 4 vezes mais que na COP anterior. Havia mais lobistas de petróleo e gás do que delegados de qualquer país individual, exceto os Emirados Árabes, que sediaram o evento. Sem falar de outros lobistas igualmente entusiasmados, como os do etanol, da aviação ou da indústria de moda "consciente", todos tentando emplacar seu produto como parte da solução para a mudança climática. E ainda as ONGs climáticas, que fazem uma enorme pressão para mais doações a fundos globais – cujo dinheiro acaba nas próprias ONGs climáticas.

Às vezes, os próprios organizadores da COP atuam como lobistas. Um caso escancarado aconteceu em novembro de 2024, quando a ONG Global Witness se passou por investidores de uma empresa fictícia de Hong Kong interessados em patrocinar a COP e fechar contratos de óleo e gás com a Socar, a estatal de óleo e gás do Azerbaijão. Elnur Soltanov, CEO da COP29 e vice-ministro de Energia do Azerbaijão, foi gravado pela ONG afirmando "ter muitos campos de gás que estão para ser desenvolvidos" e que a Socar "está negociando petróleo e gás em todo o mundo, inclusive na Ásia". Ele ainda ofereceu: "Eu ficaria feliz em criar um contato entre sua equipe e a equipe deles [Socar] para que possam iniciar conversas".[77]

No ano anterior, outra organização, trabalhando em conjunto com a BBC, revelou documentos mostrando que autoridades dos Emirados Árabes planejavam usar seu papel de anfitriões da COP28 em benefício de sua estatal de óleo e gás, a Adnoc. Entre os temas planejados, havia conversas sobre parcerias com a China para exploração de gás em Moçambique, Canadá e Austrália, projetos de gás na Colômbia e conversas com Marina Silva, ministra brasileira do Meio Ambiente, para facilitar a compra da empresa brasileira Brasken, produtora de resinas plásticas, pela Adnoc.[78] A ideia era tratar disso em reuniões reservadas enquanto, do lado de fora, jovens ambientalistas erguiam cartazes *Stop Fossil Fuels*.

## As ilusões coletivas da COP

As pessoas costumam criticar a COP por falhas específicas – ter como anfitrião um país megaprodutor de petróleo, ou o fato de o Brasil ter desmatado floresta a fim de abrir estradas em Belém para a COP30. Isso sugere que o evento até poderia ser coerente se esses escândalos fossem evitados. Mas há um problema mais embaixo, essencial à COP: a ilusão de que um grupo de líderes e representantes vai conseguir tornar suas decisões realidade. Apesar da enorme cobertura da imprensa, o fato é que o poder da COP de decidir os rumos do mundo é pequeno.

> APESAR DE TODOS OS HOLOFOTES QUE RECEBE, A COP TEM UM PODER MINÚSCULO DE DECIDIR OS RUMOS DO MUNDO.

A conferência pode criar quantos mecanismos de fiscalização e responsabilização quiser – no fim das contas, seus representantes têm poder de recomendação, não de imposição. Mesmo as promessas mais modestas feitas ali precisam passar pelo crivo dos congressos nacionais, dos parlamentos e, em alguns casos, até da opinião pública em ano eleitoral. O presidente francês pode discursar emocionado em Belém sobre a justiça climática, mas não vai conseguir aumentar o preço do diesel sem provocar protestos dos coletes amarelos nas ruas de Paris. Vale lembrar que até mesmo na Alemanha, provavelmente o país onde a agenda ambiental é mais forte (ou era, até 2020), o governo teve que voltar atrás depois que os eleitores se revoltaram com a proibição de aquecedores a gás. Como disse o ambientalista queniano Mohamed Adow,

> *Se a COP for vista como a solução para a ação contra a mudança climática, e as pessoas acharem que ela sozinha vai resolver alguma coisa, estarão enganadas. Na realidade, a ação climática acontece nos níveis nacional e local – não em reuniões da ONU.*[79]

Da mesma forma, a COP pode propagar a ilusão de que teve sucesso ao fechar acordos e protocolos, mas não tem como punir os países que os descumprirem. Veja o caso do Protocolo de Quioto. Criado na terceira COP, em 1997, estipulava que os países desenvolvidos deveriam reduzir, entre 2009 e 2012, suas emissões a níveis 5% abaixo dos registrados em 1990. Mas a coisa desandou rapidinho. O Senado americano não ratificou o tratado, o Canadá pulou fora em 2011 e, no fim das contas, só o Japão chegou perto de fazer sua parte. As emissões globais continuaram subindo como se nada tivesse acontecido.

A história está se repetindo com o Acordo de Paris. Os próprios países estipularam suas metas – chamadas de NDCs, contribuições nacionalmente determinadas, na sigla em inglês – com o objetivo

de manter o aumento da temperatura média global bem abaixo de 2 °C em relação aos níveis pré-industriais, preferencialmente em 1,5 °C. Basicamente nenhum país está no caminho para cumprir essas promessas. Quando chegar 2030, líderes mundiais reunidos na COP vão dizer um sonoro *I'm sorry* – e se comprometer, com a mesma devoção vazia de sempre, às promessas do próximo acordo.

O que escapa aos crentes nos superpoderes da COP é que, no mundo real, as decisões e tendências são muito mais descentralizadas. Ambientalistas geralmente torcem o nariz para a ideia da "Mão Invisível", de Adam Smith – e até têm um motivo para isso. Apesar de ser uma explicação brilhante para o funcionamento dos mercados e dos preços, a Mão Invisível costuma falhar em problemas de ação coletiva, como a maioria das questões ambientais, em que seguir apenas o próprio interesse raramente leva ao melhor resultado para todos. Mas há uma dimensão sociológica da Mão Invisível que os ambientalistas precisam entender. O mundo não é resultado do planejamento consciente de autoridades iluminadas: é consequência quase sempre não planejada da livre interação entre as pessoas. Como disse Adam Ferguson em 1782, "as nações tropeçam em instituições que são resultado da ação humana, mas não de desígnios humanos". Até dá para tentar direcionar os rumos da humanidade, mas é preciso ter bastante humildade nessa tentativa.

Para o bem ou para o mal, a realidade é que o mundo se move a despeito do que ativistas e diplomatas planejam. E isso, muitas vezes, é uma boa notícia. Ambientalistas costumam ter a pretensão de saber o que é melhor para o planeta – e com frequência dão com a cara na parede. Entre 2005 e 2020, por exemplo, as emissões de carbono dos Estados Unidos caíram cerca de 20%, e não foi graças à COP ou a imposições da ONU. A principal responsável foi uma tecnologia que muitos ambientalistas inicialmente abominaram: o fraturamento hidráulico de rochas, que permitiu a exploração do gás de xisto. Com a abundância desse gás, as usinas termelétricas americanas passaram a substituir o carvão e o óleo diesel por uma fonte muito mais limpa. Foi a inovação, e não a devoção durante a COP, que fez a diferença.

Outra coisa que os ativistas e líderes mundiais não controlam é sua imagem perante a sociedade. As crenças, os julgamentos e as prioridades da população nem sempre seguem o roteiro que as lideranças da COP gostariam. Ao ser tão contraditória, tão ineficaz e tão devotada a concursos de devoção, ao emitir tanto carbono desnecessariamente e gastar fortunas de países endividados, a COP acaba misturando a imagem do ambientalismo com a hipocrisia – e assim joga a pauta ambiental contra as pessoas comuns. Esse é o grande prejuízo que a maior conferência climática do mundo provoca ao meio ambiente.

## A "psicologia sombria" dos ambientalistas

Os psicólogos chamam de "tríade sombria" o conjunto destes traços de personalidade: maquiavelismo (manipulação estratégica para benefício próprio), narcisismo (arrogância, autoidolatria e senso exagerado de direito) e psicopatia (impulsividade e falta de empatia). Pessoas com esses traços tendem a ser mais manipuladoras, frias e centradas em si mesmas que a média da população (e talvez mais interessantes). Um estudo de 2024 resolveu medir a presença dessas características em 839 alemães. E descobriu que aqueles que se engajavam no movimento ambientalista exibiam traços mais fortes de maquiavelismo e narcisismo, sugerindo que a capacidade de manipulação e de formar alianças e buscar por admiração podem dar força ao ativismo ambiental.

"Minhas descobertas podem ser interpretadas de duas maneiras diferentes: por um lado, sugerem que o ativismo ambiental parece ter um 'lado sombrio' em termos de personalidade", disse o autor de estudo, Hannes Zacher, professor de psicologia organizacional da Universidade de Leipzig. "Por outro lado, a descoberta também pode ser interpretada como se o ativismo ambiental representasse um 'lado luminoso' de traços de personalidade sombrios: já que pessoas mais narcisistas e maquiavélicas têm maior probabilidade de se engajar na proteção do meio ambiente, algo necessário hoje em dia." Por trás da fome de salvar o mundo está a sede de aplausos.

## Se fosse cumprido, o Acordo de Paris aumentaria a pobreza

As economistas Marinella Davide e Lorenza Campagnolo, do Centro Euro-Mediterrânico de Mudanças Climáticas, modelaram o que aconteceria com a economia dos países se eles seguissem todas as metas de redução de emissões que se impuseram no Acordo de Paris. O custo anual das metas é estimado em cerca de 924 bilhões de dólares até 2030, mas, como os gastos públicos não costumam ser eficientes, o valor poderia subir para próximo de US$ 2 trilhões anualmente.

As pesquisadoras concluíram que, na soma geral, as políticas climáticas retardariam a redução da pobreza mundial. A parcela de gente na pobreza aumentaria 4,2%, o que significa que mais 3,4 milhões de pessoas estariam abaixo da linha da pobreza em 2030 do que se não fossem tomadas medidas de redução de emissões. Em alguns países, a pobreza aumentaria ainda mais, como a Indonésia (aumento de 23%), Brasil (15%) e na maioria dos países da África (12%).

As pesquisadoras também mediram os efeitos da chamada "transição justa", a ajuda financeira a países pobres para reduzirem emissões. Em alguns casos, a ajuda provocaria o efeito imprevisto de aumentar ainda mais a pobreza, como em Bangladesh, Etiópia, Uganda e Gana. Isso aconteceria por causa do "efeito regressivo dos subsídios": ao beneficiar alguns setores, como o de energia limpa, desviariam-se mão de obra e capital de setores mais produtivos, como a indústria leve, reduzindo as exportações, o resultado na balança comercial e o PIB per capita. Já em outros países, como Egito e Moçambique, o incentivo à energia verde daria estímulo à produção industrial, aquecendo a economia e diminuindo a pobreza. Na soma geral, a ajuda dos fundos verdes faria pouca diferença: mais de 3,2 milhões de pessoas se manteriam na pobreza, em vez de 3,4 milhões no cenário sem a ajuda financeira. Para sorte dos pobres, poucos países estão cumprindo as metas do Acordo de Paris. [80]

# 6. Ficções climáticas

## FAKE NEWS QUE A ONU, A IMPRENSA E ATIVISTAS ESPALHAM SOBRE O CLIMA

A Organização das Nações Unidas (ONU) se apresenta como a guardiã da ciência climática. Em parte, com razão: o IPCC, seu braço técnico, costuma fazer um trabalho cuidadoso e tecnicamente sólido. O problema está fora dali. Agências da própria ONU, porta-vozes, campanhas e comunicados oficiais frequentemente divulgam informações tão verdadeiras quanto os boletins de crescimento econômico da Coreia do Norte. A seguir, uma coletânea das maiores tolices já ditas por quem se apresenta como paladino da verdade científica.

## "Tuvalu, Quiribati e as Maldivas estão desaparecendo"

*Guterres na capa da* Time *em 2019: o mito de que os países insulares estão encolhendo*

Vamos começar pela capa da revista *Time* de 24 de junho de 2019. O secretário-geral da ONU, António Guterres, entrou de terno e gravata no mar de Tuvalu para tirar a foto simbolizando o drama dos arquipélagos do Pacífico que estão desaparecendo por causa do aumento do nível do mar.

Tuvalu é um pequeno país insular localizado entre o Havaí e a Austrália. Tanto ele quanto o vizinho Quiribati são extremamente planos e baixos (com altura média de 2 metros), o que os torna extremamente vulneráveis a marés altas, erosão costeira e à elevação dos mares.

O nível do mar está mesmo subindo – a uma velocidade média de 3 milímetros por ano nos últimos 30 anos. Mas por enquanto esses países não estão desaparecendo: estão aumentando. A revelação veio em um estudo publicado na revista *Nature* em 2018 (um ano antes de o presidente da ONU molhar a calça em Tuvalu). O estudo usou fotografias áreas históricas, capturadas desde 1943, mas com mais frequência desde 1971, e imagens modernas de satélite. Depois, essas imagens foram georreferenciadas usando pontos de controle. A conclusão foi que o território do país aumentou 2,9% entre 1971 e 2014 – o equivalente a 70 campos de futebol. De 9 atóis analisados pelo estudo, 8 aumentaram de área.[81] Em termos proporcionais (e até absolutos), nenhum país do mundo deve ter aumentado tanto de área quanto aquele que supostamente "está afundando"!

TUVALU, ARQUIPÉLAGO DO PACÍFICO "AMEAÇADO DE DESAPARECER PELO AUMENTO DO NÍVEL DO MAR", ESTÁ AUMENTANDO DE TAMANHO.

Esse aumento foi possível porque o processo que formou o relevo das ilhas continua ocorrendo. Milhões de anos atrás, uma cadeia de vulcões submarinos se formou no meio do Pacífico. Esses vulcões cresceram até emergir da superfície do mar, formando ilhas vulcânicas. Com o tempo, ficaram inativos e começaram a afundar lentamente. Enquanto o vulcão afundava, corais e outros organismos marinhos construtores de recifes cresceram em direção à luz solar. Fixados em torno da borda do vulcão, eles formam um anel (o "recife de franja") e depois um círculo, um atol. Essa estrutura é constantemente alimentada por sedimentos biológicos – pedaços de coral quebrado, areia calcária, restos de organismos marinhos. O resultado são pequenas faixas de terra extremamente planas, como as ilhas de Tuvalu e Quiribati. A acumulação de sedimentos continua acontecendo a uma velocidade suficiente para compensar a elevação do nível do mar. Por isso o estudo prevê que a área da maior parte das ilhas médias e grandes da região vai continuar aumentando, mas sofrendo constantes mudanças do formato.

As previsões apocalípticas da ONU sobre os efeitos do aumento do nível do mar têm longa data – e longa tradição de erro. Em 1989, o então diretor do Programa das Nações Unidas para o Meio Ambiente, Noel Brown, afirmou à *Associated Press* que "nações inteiras poderiam ser varridas do mapa" se o aquecimento global não fosse revertido até o ano 2000. Segundo ele, a elevação do mar, causada pelo derretimento das calotas polares, submergiria as Maldivas e outras ilhas de baixa altitude, inundaria regiões costeiras, provocaria colapsos agrícolas e geraria uma onda de "ecorrefugiados" que traria caos político global. O ano 2000 passou e, ao que tudo indica, as ilhas continuam no lugar.

Pouco a pouco, a imprensa começa a reconhecer que as Maldivas não estão desaparecendo — o *New York Times* publicou uma extensa reportagem sobre isso em 2024. O mesmo processo de sedimentação que ocorre nas ilhas do Pacífico tem ampliado o território das Maldivas.[82] Já o crescimento de Tuvalu continua sendo ignorado. Também em 2024, a revista *National Geographic* publicou uma reportagem dramática sobre o arquipélago. Afirmou que "cientistas estimam que, até 2050, 50% de Funafuti, a capital onde vive mais da metade da população do país, será inundada pelas marés". Não mencionou, porém, os cientistas que estimam justamente o contrário.[83]

## "Mulheres e crianças têm 14 vezes mais chances de morrer em desastres"

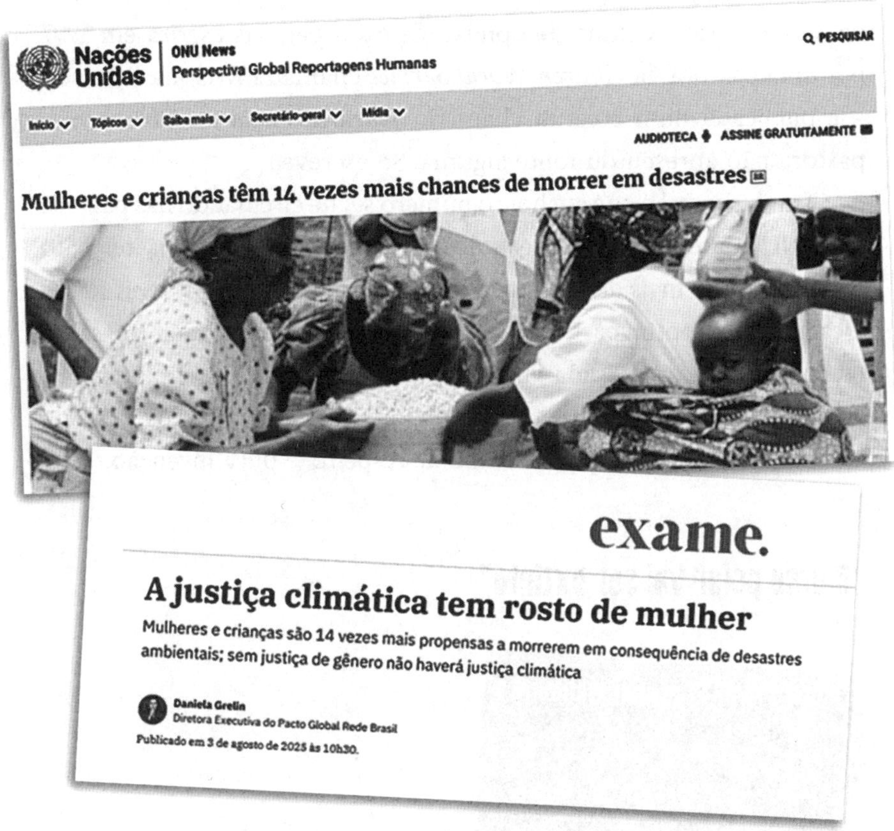
Nações Unidas | ONU News
Perspectiva Global Reportagens Humanas
PESQUISAR
Início Tópicos Saiba mais Secretário-geral Mídia
AUDIOTECA ASSINE GRATUITAMENTE

Mulheres e crianças têm 14 vezes mais chances de morrer em desastres

exame.

A justiça climática tem rosto de mulher

Mulheres e crianças são 14 vezes mais propensas a morrerem em consequência de desastres ambientais; sem justiça de gênero não haverá justiça climática

Daniela Grelin
Diretora Executiva do Pacto Global Rede Brasil
Publicado em 3 de agosto de 2025 às 10h30.

Esta aparece em todas: tanto no site da ONU quanto de suas subsidiárias, como a Unesco e a ONU Mulheres.[84] Uma das páginas até tenta explicar o motivo da diferença: "Quando desastres climáticos extremos ocorrem, mulheres e crianças têm 14 vezes mais chances de morrer do que os homens, principalmente devido ao acesso limitado à informação, à mobilidade, à tomada de decisões e aos recursos".[85] O número assim tão preciso soa como ciência séria, respaldada por estatísticas. Mas, afinal, de onde ele veio? Você não vai acreditar.

Em 2014, o pesquisador Henrik Urdal, do *Peace Research Institute*, de Oslo, foi atrás da origem. Ele descobriu que a fonte da frase não era nenhuma publicação acadêmica nem banco de dados oficial. Era, na verdade, uma coluna de opinião de duas páginas escrita em 1997 por uma pastora da *Church World Service* chamada Kristina Peterson – e publicada num boletim chamado *Natural Hazards Observer*. A pastora não apresentou fonte alguma. Só escreveu.

O mais surreal é que até hoje o número segue circulando nas páginas da ONU e até mesmo em estudos científicos, apesar de já ter sido desmentido há mais de 10 anos. Em 2024, a rádio sueca *Sveriges Radio* localizou a própria pastora Kristina. Ela se disse chocada ao saber que sua frase improvisada virou estatística repetida por diplomatas e ativistas do mundo inteiro.[86] A estatística, presente em vários PDFs da ONU com design pomposo e título de respeito, é pura invenção.

## "O urso polar vai ser extinto"

*Urso polar em 2007: o símbolo da ameaça climática de repente desapareceu das manchetes*

O urso polar era o emblema do apocalipse climático em 2007. Estampava capas de revistas como a *Time*, que trazia o bicho solitário num pedaço de gelo derretendo e a manchete alarmista: "Fique preocupado. Muito preocupado". A imprensa repetia previsões da WWF e de cientistas ligados ao IPCC de que o animal icônico do Ártico perderia seu habitat e, com ele, sua sobrevivência. "Os ursos polares podem desaparecer até o fim do século", disse o *Washington Post.* Só esqueceram de avisar aos próprios ursos.

De lá para cá, a população global de ursos polares aumentou de cerca de 12 mil para mais de 32 mil. A recuperação se deve à proibição da caça comercial, melhor gestão da fauna e, ironicamente, ao fato de que o gelo marinho do Ártico no verão, embora tenha recuado, não desapareceu como previam os modelos.

Hoje, o único lugar onde os ursos polares estão realmente em extinção é no material gráfico sobre mudança climática. Depois que os números começaram a contradizer a narrativa, os ambientalistas simplesmente aposentaram o mascote. Ele sumiu dos relatórios da ONU, dos cartazes da Greta e das campanhas do Greenpeace. O urso polar deixou de ser útil – e, como qualquer símbolo incômodo, foi cancelado em silêncio.

## "O aquecimento global é culpado por 130% dos eventos extremos"

Depois de anos acompanhando notícias sobre imprevistos do clima e mudança climática, decidi cunhar uma regra, a Primeira Lei do Jornalismo Ambiental. Consiste no seguinte: diante de todo e qualquer evento climático negativo (que cause perdas, mortes ou algum incômodo), jornalistas sempre o atribuirão à mudança climática ou a alguma ação humana. Pode apostar, essa regra nunca falha. Basta uma árvore envelhecida cair, uma baleia encalhar na praia que lá vem o jornalista dizer que é culpa da mudança climática.

Pra você ter uma ideia, nos últimos anos, o clima já foi usado como explicação para mudanças de sexo de répteis, produção de piores vinhos, redução na produção de café, discursos de ódio, obesidade infantil, fortalecimento de grupos extremistas, mais *home-runs* no beisebol,[87] mais divórcios,[88] terremotos,[89] aumento do preço da cerveja,[90] além, é claro, de uma infinidade de episódios climáticos.

Políticos adoram essa narrativa. Culpar o aquecimento global virou uma forma conveniente de lavar as mãos, de se eximir de responsabilidade por suas falhas. A região pegou fogo? Culpa do aquecimento global, não de medidas preventivas contra queimadas. A cidade alagou? Culpa da "emergência climática", não da falta de limpeza de bueiros e obras de drenagem. E assim, uma narrativa que parece científica serve como desculpa para a má gestão.

Não há dúvida de que nossas emissões de carbono mexeram com o clima – e devem mexer ainda mais. Mas daí a atribuir todo desastre ou extremo climático ao aquecimento do planeta há uma boa distância.

É como jogar um dado. Se cair 6 uma vez, pode ser sorte. Mas se em mil jogadas o número 6 aparecer com muito mais frequência que os outros, aí sim dá para suspeitar de algo errado: talvez o dado seja viciado ou quem joga tenha algum truque. A ciência da atribuição de eventos únicos funciona do mesmo jeito. Para dizer que uma chuva

forte foi causada pelo clima é preciso analisar centenas de "jogadas" – ou seja, ver se esse tipo de evento ficou mais comum ao longo de décadas. Se uma anomalia surge nos registros, os cientistas tentam descobrir a causa. Pode ser o $CO_2$, pode ser o El Niño, o La Niña, uma mudança na vegetação ou milhares de outras variáveis.

Para isolar o efeito do aquecimento global, os pesquisadores comparam o mundo real com um cenário hipotético onde as emissões não aumentaram. Sem tanto carbono na atmosfera, haveria mais ou menos chuva? Quanta? Só que esses modelos variam muito. Como sempre dá para ajustar as variáveis conforme a conclusão desejada, os estudos de atribuição climática são bastante vulneráveis ao desejo dos pesquisadores de aparecer na imprensa.

Um bom exemplo foi o furacão Florence, em 2018. Antes mesmo de o furacão chegar, pesquisadores do *Lawrence Berkeley Lab* previram que as mudanças climáticas fariam o furacão despejar 50% mais chuva e se estender por mais 80 quilômetros. Como era de esperar, a notícia se alastrou pelos jornais e sites de notícia. Quando o furacão passou, os autores analisaram os números novamente e, ops, perceberam que haviam exagerado um pouco. A revisão mostrou que a mudança climática aumentaria a umidade do furacão em 5%, e o alcance em 8 quilômetros.[91]

Para evitar erros assim, o IPCC é bastante cauteloso ao atribuir qualquer coisa ao aquecimento global. Para detectar uma tendência de aumento ou queda, os pesquisadores usam escalas de tempo de pelo menos 30 anos. Ou seja: para detectar uma alteração, é preciso olhar para o passado ou medir o fenômeno por mais algum tempo. No capítulo 11 do relatório AR-6, publicado em 2021, um quadro trata de uma pergunta frequente: "O aquecimento global causou o recente evento extremo em meu país?". Ali o IPCC diz:

> *É comum questionar se as mudanças climáticas causadas pelo homem provocaram um grande desastre relacionado ao clima ou ao tempo. Quando eventos climáticos extremos ocorrem, tanto a exposição quanto a vulnerabilidade desempenham um papel importante na determinação da magnitude e dos impactos do desastre resultante. Por isso, é difícil atribuir um desastre específico diretamente às mudanças climáticas.*

A partir daí, o IPCC destaca que os cientistas estão ainda engatinhando na arte de atribuir causas a eventos climáticos. Por enquanto é possível relacionar alguns eventos extremos, como as ondas de calor, mas ainda não para outros tipos de eventos, como tornados:

> *No entanto, uma nova área da ciência chamada "atribuição de eventos" permite aos cientistas calcular o quanto o aquecimento global influenciou na intensidade e frequência de certos eventos extremos. Eles fazem isso comparando o clima atual (com influência humana) a um cenário hipotético sem emissões humanas, como o clima da era pré-industrial.*

*Com isso, descobrem que muitos eventos de calor extremo hoje são mais frequentes e mais intensos por causa da ação humana. Para outros fenômenos, como tornados, os modelos ainda não permitem essa análise.*

Mas a imprensa, os ativistas e mesmo pesquisadores mais carentes não têm tanto cuidado. Já virou lugar-comum dizer que "com o aquecimento global, os eventos extremos estão mais comuns". Essa frase é tão repetida que é desnecessário listar todas as autoridades e jornais que a repetiram. Mas os eventos extremos estão realmente aumentando?

**OS EVENTOS CLIMÁTICOS EXTREMOS ESTÃO AUMENTANDO? A MAIORIA DELES NÃO, DIZ O IPCC.**

O relatório AR-6 do IPCC dedica um capítulo inteiro sobre essa questão. Sua resposta é que alguns estão, sim, e essa maior frequência pode ser atribuída à ação humana. Diz o estudo:

*Em conclusão, o aquecimento global causado pelo homem resultou em mudanças em uma ampla gama de eventos climáticos extremos recentes. Aumentos significativos na probabilidade e na intensidade, atribuíveis à influência humana, foram identificados em muitas ondas de calor e eventos de calor extremo ao redor do mundo.*[92]

Repare como o IPCC escolhe as palavras com cautela. Parece tentar agradar os alarmistas sem cair no erro factual. Em vez de afirmar que a maioria dos eventos extremos não mostra aumento de frequência, foca apenas nos poucos casos em que encontrou um sinal – como ondas de calor – e os chama de "ampla gama de eventos". Deixa um tanto subentendido que, para uma gama ainda mais ampla de eventos, não conseguiu detectar nenhum padrão confiável. Na página 1.856 do capítulo 12 do relatório, o IPCC montou um resumo do que a ciência climática mais avançada sabe até agora sobre eventos extremos. Aqui as conclusões:

> **Nenhuma tendência detectada com confiança:** *geada, precipitação média, inundação fluvial, precipitação intensa, inundação pluvial, deslizamento de terra, aridez, seca hidrológica, seca agrícola e ecológica, tempo propício a incêndios, velocidade média do vento, tempestade de vento severa, ciclone tropical, tempestade de areia e poeira, neve, geleira e manto de gelo, nevasca intensa e tempestade de gelo, granizo, avalanche, nível do mar relativo, inundação costeira, erosão costeira.*
>
> **Tendência de alta detectada com alta ou média confiança:** *temperatura média do ar, calor extremo, temperatura média do oceano, salinidade oceânica, $CO_2$ atmosférico na superfície.*
>
> **Tendência de baixa detectada com alta ou média confiança:** *ondas de frio, oxigênio dissolvido no oceano, permafrost, gelo em lagos, rios e mares.*

Ainda mais importante, o relatório não prevê mudança na frequência da maioria desses eventos até 2050 e nem entre 2050 e 2100, isso considerando o pior cenário de emissões de carbono até 2100.

Aqui precisamos de um aparte para falar dos cenários que o IPCC usa para fazer previsões climáticas. Para quem leva seu trabalho científico a sério, estimar o futuro do clima e das sociedades é uma árdua missão. É preciso levar em conta centenas, talvez milhares de fatores: o tipo de energia que usaremos no futuro, as emissões de carbono, a sensibilidade climática (quanto a temperatura do planeta vai aumentar se a concentração de carbono dobrar), o impacto desse aumento de temperatura nos eventos extremos e nas chuvas de diferentes regiões. Para piorar, é preciso prever como a economia e a tecnologia vão avançar – quais doenças ganharão vacinas, a porcentagem de lares de idosos que terão ar-condicionado em casa para se protegerem de ondas de calor, a tendência da produtividade das colheitas e da seleção de variedades mais resistentes. Só de a pessoa tentar encarar esse trabalho já ganha minha admiração.

Para dar conta de tantas variáveis, o IPCC se baseia em cenários (as Trajetórias Representativas de Concentração, RCPs na sigla em inglês) com diferentes projeções econômicas e ambientais. Cada RCP é nomeada conforme o nível de energia adicional (em watts por metro quadrado) que a atmosfera, por conta da ação humana, vai segurar no ano 2100. Estes são os cenários usados pelo IPCC:

> RCP 2.6: *é o cenário mais ambicioso e otimista, com emissões de $CO_2$ atingindo o pico em 2020, quase eliminação do carvão até 2100 e forte queda no uso de petróleo. O aquecimento global seria contido entre 0,3°C e 1,7°C.*
>
> RCP 4.5: *considerado o mais plausível, projeta um corte de 90% no uso de carvão até o fim do século, emissões em queda após 2040 e temperatura subindo entre 1,8°C e 2,6°C – compatível com políticas climáticas moderadas já em curso.*
>
> RCP 6.0: *prevê um mundo sem grandes esforços adicionais para mitigar emissões: o carvão cresce até 2050 e depois recua, o petróleo se mantém alto até o fim do século, e a temperatura sobe entre 2,2°C e 3,5°C.*
>
> RCP 8.5: *Cenário extremamente pessimista, de altas emissões. Prevê que, até 2100, o consumo per capita de carvão e petróleo vai se multiplicar até o fim do século. A temperatura global aumentaria entre 2,6°C e 4,8°C.*

Esse último cenário tem sido alvo de críticas cada vez mais contundentes por partir de suposições exageradas sobre o futuro energético do planeta – em especial, sobre o uso de carvão mineral. Ele projeta que, até 2100, o consumo per capita de carvão será ao menos 6 vezes maior que em 2020, um salto sem precedentes tendo em vista que esse indicador permaneceu mais ou menos estável nas últimas décadas. Essa previsão ignora o declínio já observado no uso de carvão em diversas regiões do mundo e os avanços consistentes em energias renováveis, eficiência energética e eletrificação. Apesar do crescente consenso de que o cenário 8.5 é irreal, ele costuma ser bastante usado pelos relatórios do IPCC e pela imprensa.

Pois bem: mesmo considerando o cenário absurdamente pessimista de emissões de carbono e aquecimento do planeta, o IPCC não consegue cravar qual será a tendência de boa parte dos eventos extremos em 2050 e 2100, como inundação fluvial, deslizamentos, aridez, secas, tempo propício a queimadas, tempestades, ciclones, neve, geleiras, nevascas, avalanches e até mesmo inundações costeiras.

A tabela original do relatório IPCC está a seguir – as células em branco significam que não há sinal de tendência obtido com confiança. Você pode usá-la na próxima vez em que alguém disser que "a mudança climática está tornando os eventos extremos mais comuns".

## OS EVENTOS CLIMÁTICOS EXTREMOS ESTÃO AUMENTANDO?

As células com "+" indicam aumento da frequência; as com "-", diminuição. As células em branco indicam que não houve alteração detectada com confiança pelo IPCC.

| TIPO DE EVENTO CLIMÁTICO | CATEGORIA DE EVENTO CLIMÁTICO | JÁ APARECEU NO PASSADO | DEVE SURGIR ATÉ 2050 | DEVE SURGIR ENTRE 2050 E 2100 |
|---|---|---|---|---|
| Calor e Frio | Temperatura média do ar | + | + | + |
| | Calor extremo | + | + | + |
| | Onda de frio | - | - | - |
| | Geada | | | |
| Seco e Úmido | Precipitação média | | + / - | + / - |
| | Inundação fluvial | | | |
| | Precipitação intensa e enchente pluvial | | | + |
| | Deslizamento de terra | | | |
| | Aridez | | | |
| | Seca hidrológica | | | |
| | Seca agrícola e ecológica | | | |
| | Condições meteorológicas para incêndios | | | |
| Vento | Velocidade média do vento | | | |
| | Tempestade de vento severa | | | |
| | Ciclone tropical | | | |
| | Tempestade de areia e poeira | | | |
| Neve e Gelo | Neve, geleiras e camadas de gelo | | - | - |
| | Permafrost | - | - | - |
| | Gelo de lago, rio e mar | - | - | - |
| | Nevasca intensa e tempestade de gelo | | | |
| | Granizo | | | |
| | Avalanche de neve | | | |
| Costeiro | Nível relativo do mar | | + | + |
| | Inundação costeira | | | |
| | Erosão costeira | | | |
| Oceano aberto | Temperatura média do oceano | + | + | + |
| | Onda de calor marinha | | | |
| | Acidez oceânica | | + | + |
| | Salinidade oceânica | + | + | + |
| | Oxigênio dissolvido | - | - | - |
| Outros | Clima de poluição do ar | | | |
| | $CO_2$ atmosférico na superfície | + | + | + |
| | Radiação na superfície | | | |

*Traduzido e adaptado de: IPCC, Sixth Assessment Report, 2021, Capítulo 12, Tabela 12.12, página 1856.*

## "Seremos extintos. Bilhões de pessoas morrerão!"

No plenário da Assembleia Geral da ONU, em Nova York, diplomatas se preparam para uma rodada de negociações quando aparece um visitante inesperado: um Tiranossauro rex. Ele acaba de chegar do passado para dar um recado aos humanos: "Eu sei algumas coisas sobre extinção. Então, me deixa te contar: parece meio óbvio, mas ser extinto é uma coisa ruim. (...) Não escolham a extinção. Salvem sua espécie antes que seja tarde demais."

O vídeo, preparado para a COP26, é uma maneira divertida de passar a mensagem sobre a emergência climática, mas leva a sério a ideia de que a humanidade sofre risco de extinção por causa do clima. Inspirados nessa informação, movimentos radicais como o *Extinction Rebellion* dizem lutar contra a morte de bilhões de pessoas, que, segundo eles, foi anunciada por climatologistas. Como disse em 2019 Roger Hallam, um dos fundadores do movimento: "Estou falando do massacre, da morte e da fome de 6 bilhões de pessoas neste século – é isso que a ciência prevê."

Sério mesmo, é isso que prevê a ciência?

Vamos dar uma olhada nos estudos e nas estimativas totais de mortes. Em 2022, o IPCC publicou um relatório só sobre o impacto da mudança climática. Segundo o trabalho, "são projetados mais de 9 milhões de mortes relacionadas ao clima por ano até o fim do século, em um cenário de altas emissões e considerando o crescimento populacional, o desenvolvimento econômico e a adaptação".[93] A passagem não deixa claro, mas se trata provavelmente de mortes adicionais. Projetando que por volta de 2100 devem morrer entre 95 milhões e 105 milhões de pessoas anualmente por todas as causas, teríamos um aumento no fim do século de 8,5% a 9,5% no total de mortes anuais. Isso levando em conta o pior cenário modelado pelos pesquisadores.

**EXTINÇÃO? BILHÕES DE MORTOS? O IPCC PREVÊ QUE, NO PIOR CENÁRIO, A MUDANÇA CLIMÁTICA VAI CAUSAR UM AUMENTO DE 8,5% A 9,5% NAS MORTES EM 2100.**

Já a Organização Mundial da Saúde estima que, entre 2030 e 2050, a mudança climática vai causar 250 mil mortes adicionais por ano: 38 mil devido à exposição ao calor em idosos, 48 mil de diarreia, 60 mil de malária, 95 mil de desnutrição infantil e 9 mil por outras causas. É um enorme impacto – mas, em perspectiva, não tão grave quanto outros fenômenos. Acidentes de carro, por exemplo, matam 1,2 milhão de pessoas por ano; temperaturas extremas matam 5 milhões.

Por fim, um estudo publicado na *Nature Communications* em 2021 concluiu que, num cenário altamente pessimista, em que a temperatura aumentaria 4,1°C em 2100, o total de mortes adicionais entre 2020 e 2100 será de 83 milhões. Num cenário mais otimista, com aquecimento até 2,4°C até 2100, o número cairia para 9 milhões. O estudo considera algum potencial humano de se adaptar – por exemplo, com ar-condicionado para enfrentar ondas de calor –, mas admite que seus modelos têm limitações para países em desenvolvimento. Conforme os autores, essa limitação "contribui para superestimar a projeção" de fatalidades.[94]

Mesmo assim, vamos considerar o número maior, de 83 milhões de mortes. Considerando que até 2100 entre 7 bilhões e 9 bilhões de pessoas devem morrer, o pior cenário do aquecimento global causaria um aumento entre 0,9% a 1,1% do total de mortes no período. Oitenta e três milhões de mortes não é pouca coisa – mas muito, muito longe da extinção propagandeada pelo dinossauro da ONU ou da ideia de que "bilhões de pessoas morrerão".

Ainda é preciso considerar que, por causa da mudança climática, alguns tipos de mortes devem diminuir num primeiro momento, como as causadas por temperaturas extremas. Com o aumento da temperatura, as mortes de frio estão diminuindo, compensando de longe o aumento das mortes pelo calor. Isso vai afetar os países de forma diferente. Por exemplo, um estudo do *Climate Impact Lab* e do Programa das Nações Unidas para o Desenvolvimento estima que, por causa da menor mortalidade do frio, as mortes por temperaturas extremas devem diminuir até 2050 no Brasil, Estados Unidos, Canadá, Rússia, Alemanha, Inglaterra, China, Japão, Chile e Colômbia, entre outros, e aumentar no México, na Espanha, em Portugal, na Índia, em Bangladesh e na Austrália, entre outros.[95]

De onde, então, a ONU e os ativistas tiraram a ideia maluca de extinção e de bilhões de mortos? Em 2019, a BBC entrou em contato com o *Extinction Rebellion* e perguntou de onde haviam tirado o número de 6 bilhões de mortos reproduzido pelo ativista Roger Hallam. Eles disseram que Hallam provavelmente deu "sua própria estimativa da situação". Ou seja: ele tirou o número do nada.

Também em 2019, em novembro daquele ano, durante a escrita do livro *Apocalypse Never*, o jornalista Michael Shellenberger conversou com Sarah Lunnon, porta-voz do movimento *Extinction Rebellion*, para entender a origem do número. Lunnon mencionou uma reportagem de maio daquele ano do *Guardian*, baseada numa entrevista com Johan Rockström, diretor do Instituto de Pesquisa do Impacto Climático de Potsdam.[96] A frase atribuída a Rockström era: "Dificilmente conseguiríamos acomodar 1 bilhão de pessoas ou até metade disso" com um aumento de temperatura de 4 °C.

Intrigado, Shellenberger decidiu entrevistar o próprio cientista. Rockström então esclareceu: "Não vejo evidência científica de que um planeta 4 °C mais quente possa sustentar 8 bilhões de pessoas", disse ele. "Meu julgamento especializado é que talvez nem mesmo possamos sustentar metade disso - ou seja, 4 bilhões de pessoas." Shellenberger insistiu: haveria algum relatório do IPCC mostrando que a produção de alimentos realmente cairia tanto assim? Rockström admitiu: "Pelo que sei, eles não dizem nada sobre a quantidade de pessoas que podem ser alimentadas sob diferentes níveis de aquecimento". Havia algum estudo sobre produção de alimentos num cenário de 4 °C? "É uma boa pergunta. Devo admitir que nunca vi um estudo assim", disse Rockström, que é agrônomo. "Parece uma pergunta tão interessante quanto importante."

## "O número de desastres relacionados ao clima aumentou 5 vezes nos últimos 50 anos"

A principal referência mundial sobre desastres naturais é o Centro de Pesquisa sobre a Epidemiologia de Desastres (CRED, na sigla em inglês), da Universidade de Louvain, na Bélgica. O CRED foi fundado em 1973; em 1988, em parceria com a Organização Mundial da Saúde, criou a Base de Dados de Eventos Emergenciais (EM-DAT). Essa base é usada por estudiosos do mundo todo, pela ONU, pela FAO, pela Organização Meteorológica Mundial, pela plataforma *Our World in Data*, enfim, por praticamente todo o mundo que discute o tema. Seus pesquisadores consideram um desastre qualquer evento que atenda a pelo menos um dos seguintes critérios: 10 mortes, 100 pessoas afetadas, uma declaração de estado de emergência ou um pedido de ajuda internacional. Segundo a base de dados, este é o gráfico da evolução do número de desastres naturais desde 1900:

## REGISTROS DE DESASTRES NATURAIS, DE 1900 A 2023

Fonte: EM-DAT, CRED / UCLouvain (2024); Our World in Data • Nota: Os dados incluem desastres registrados até abril de 2024.

Temos uma clara tendência de alta aí, certo? Essa evolução levou a ONU, a FAO, a Organização Meteorológica Mundial, o Fórum Econômico Mundial e centenas de ONGs a afirmar que “o número de desastres relacionados ao clima, tempo e água aumentou 5 vezes nos últimos 50 anos”. A afirmação também aparece na *BBC*, *Forbes* e em jornais franceses, espanhóis e alemães e até na visão geral criada pela IA do Google.

Na verdade, não há nenhuma alta do número de desastres. Deixe-me explicar.

O Centro de Pesquisa sobre a Epidemiologia de Desastres começou a registrar os eventos com mais consistência justamente a partir da década de 1970, quando foi criado (e quando começaram a surgir novas tecnologias de informação). O salto do número a partir dos anos 1970 não significa que os desastres aumentaram. Significa que aumentou nossa capacidade de registrá-los.

A própria equipe do CRED alerta sobre isso há duas décadas. Em 2004, a epidemiologista Debarati Guha-Sapir, que por muito tempo foi diretora da instituição, avisou: "Um gráfico desses pode levar à falsa impressão de que os desastres ocorrem com mais frequência hoje do que no início do século". Em 2008, outro relatório do CRED foi ainda mais direto: "Atribuir a tendência de aumento dos desastres hidrometeorológicos às mudanças climáticas seria enganoso. Um dos principais fatores para esse aumento é a melhoria na tecnologia e nas iniciativas de registro". Ou seja, não foi o céu que desabou – foi o Excel que evoluiu.

Antigamente, passavam batido especialmente os desastres pequenos, aqueles que mal ganhavam nota de rodapé num jornal regional. Isso mudou com a modernização da telefonia, da imprensa e da internet. Não à toa, o salto de registros de desastres de 1970 para cá foi justamente nos pequenos eventos. Já no caso dos desastres com mais mortes, que ganhavam mais atenção e eram registrados, não há tendência de alta nos últimos 50 anos:

**REGISTROS DE DESASTRES NATURAIS, POR TAMANHO DO DESASTRE**

O aumento do número de desastres foi concentrado nos eventos menores, que antes passavam despercebidos

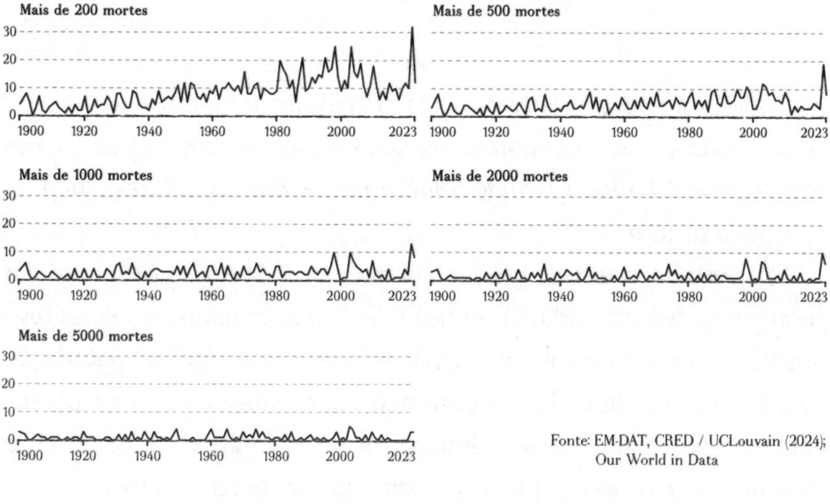


Fonte: EM-DAT, CRED / UCLouvain (2024); Our World in Data

O CRED recomenda que qualquer análise de tendências antes dos anos 2000 seja feita com cautela. Quando consideramos os dados de 2000 para cá, período em que há menor viés temporal, não há tendência de alta de desastres naturais:

**REGISTRO DE DESASTRES NATURAIS, DE 2000 A 2023**

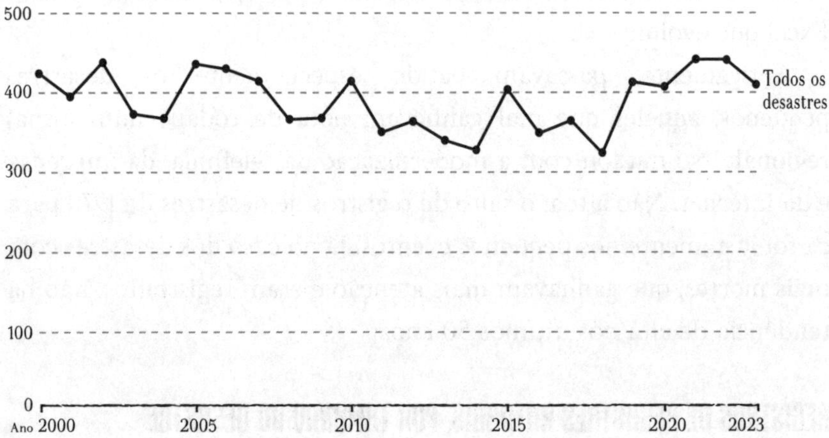


Fonte: EM-DAT, CRED / UCLouvain (2024); Our World in Data • Nota: Os dados incluem desastres registrados até abril de 2024.

Então a afirmação correta seria: *Por conta do melhor rastreio de desastres naturais, o número de registros desses eventos cresceu 5 vezes nos últimos 50 anos. Quando analisamos os últimos 25 anos, não há tendência de alta.*

Na verdade, o último gráfico acima traz uma boa notícia que em geral passa despercebida. O número de desastres naturais se manteve praticamente estável entre 2000 e 2025, enquanto a população mundial passou de 6 bilhões para mais de 8 bilhões. Isso é surpreendente porque, para que um desastre aconteça, não basta um evento extremo da natureza. É preciso a combinação de três fatores:

- Evento extremo;
- Exposição (presença humana);
- Vulnerabilidade.

Uma inundação enorme em região desabitada ou a erupção de um vulcão submarino sem vítimas não conta como desastre. E mesmo quando há pessoas envolvidas, o episódio só se torna um desastre se elas forem afetadas. Um terremoto de mesma intensidade, por exemplo, pode ser catastrófico no Haiti e pouco alterar a vida em locais mais protegidos, como o Japão.

E é justamente aí que mora a boa notícia. Nos últimos 25 anos, o clima não ajudou: os eventos climáticos extremos não diminuíram. Temos hoje mais gente vivendo em ribanceiras e vales inundáveis, mais idosos vulneráveis a ondas de calor, mais gente para alimentar durante secas extremas. Mesmo assim, o número de desastres ficou estável. Tudo porque o terceiro fator diminuiu: estamos menos vulneráveis aos imprevistos do clima.

Dizer a verdade sobre a evolução dos desastres naturais já custou caro para alguns pesquisadores. Em 2022, a revista científica *Springer Nature* publicou um artigo de cientistas italianos que explicava exatamente o que mostramos aqui: o aumento de desastres na base EM-DAT reflete mais o avanço nos registros do que uma tendência climática. O estudo passou batido até agosto daquele ano, quando uma emissora de TV australiana resolveu tratar dele. Aí a coisa azedou. Ativistas ambientais partiram para o ataque, e os editores do periódico questionaram os autores.

Após uma longa conversa, os autores do estudo e editores do periódico combinaram de incluir um adendo, que também passou pela revisão de outros quatro cientistas. Dos quatro, três recomendaram a publicação do adendo. Mesmo o que não recomendou admitiu que o aumento de registros "se deve em grande parte ao aumento da exposição e da vulnerabilidade, ligados ao crescimento demográfico e econômico, e não às mudanças climáticas". Dos três que aprovaram o adendo, um deles até sugeriu que o estudo não tinha nada de novo. "Embora quase nada do que está escrito seja novidade para os especialistas, é útil para os não especialistas verem os dados, que na maioria das vezes ficam ocultos nos relatórios do IPCC."

Apesar disso, o artigo acabou sendo retirado do ar pela própria revista, mesmo sem nenhuma evidência de fraude, erro metodológico ou má conduta dos autores. Mas os cientistas não se calaram: submeteram o estudo a outro periódico, o *Environmental Hazards*, que refez todo o processo de revisão por pares e, em agosto de 2023, publicou o artigo novamente. A ciência às vezes tropeça, mas insiste em seguir adiante.[97]

## "O prejuízo com desastres naturais está explodindo"

Além da frequência de desastres, outro equívoco comum diz respeito ao montante financeiro perdido em eventos naturais. Em 1990, os prejuízos causados pelas tragédias (excluindo terremotos e atividade vulcânica) somaram US$ 34,7 bilhões. Em 2023, esse valor chegou a 151 bilhões, já ajustado pela inflação.[98] À primeira vista, a conclusão parece inevitável: os danos econômicos provocados por desastres naturais estão disparando. É o que apontam os dados brutos – e o que ativistas e representantes da ONU repetem com entusiasmo.

Mas olhe por outra perspectiva: em 1990, o mundo tinha 2,7 bilhões de pessoas a menos e o PIB global era 80% inferior ao de 2023. Quando esses fatores entram na conta, a suposta tendência de alta desaparece. Na verdade, estamos gastando uma fatia menor do PIB com desastres naturais, como mostra o gráfico abaixo:

## PREJUÍZOS ECONÔMICOS CAUSADOS POR DESASTRES NATURAIS EM RELAÇÃO AO PIB (1990-2022)

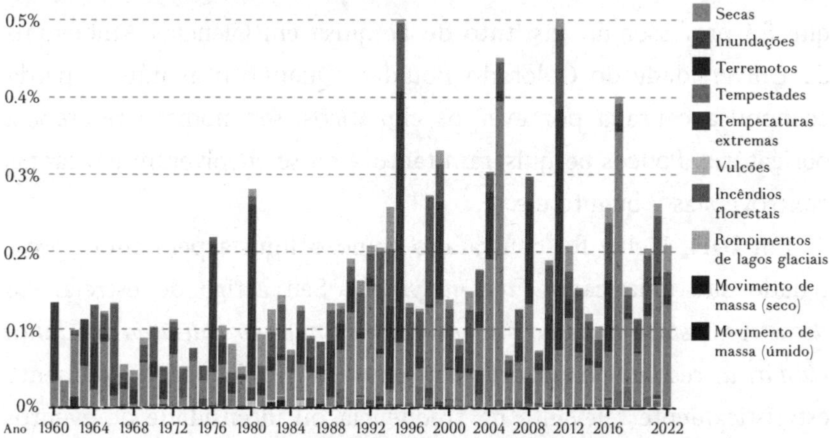


Fonte: EM-DAT, CRED / UCLouvain (2024); várias fontes compiladas pelo Banco Mundial (2024); Our World in Data

Mais relevante ainda: o volume de patrimônio acumulado em 2023 era incomparavelmente maior do que em 1990. Isso porque nem tudo o que um país produz num ano desaparece após o consumo, como um chocolate ou uma lata de cerveja. Bens duráveis – casas, prédios, pontes, escolas – se acumulam ano após ano, aumentando o estoque de riqueza de uma nação. A praia onde eu passava férias nos anos 1990, por exemplo, tinha poucas construções e apenas estradas de terra. (Era divertido o esforço coletivo para desatolar o carro quando meu pai insistia em passear depois das chuvas de verão.) Hoje, a mesma praia tem avenidas asfaltadas e edifícios. Se o mesmo furacão passasse por lá em 1990 e novamente em 2023, naturalmente causaria muito mais estrago econômico agora. Tempestades, furacões, queimadas e outros eventos extremos geram perdas maiores hoje porque há mais valor exposto.

Essa constatação é básica, quase intuitiva. Ainda assim, dizer isso em voz alta já foi suficiente para provocar demissões, acusações de negacionismo e de supostos vínculos com a indústria do petróleo. Foi o caso do matemático e cientista político Roger A. Pielke Jr., que foi professor do Instituto de Pesquisa em Ciências Ambientais da Universidade do Colorado Boulder. Quando o assunto é perda econômica causada por eventos climáticos, seu nome é referência obrigatória. Poucos pesquisaram tanto – ou se envolveram em tantas controvérsias – quanto ele.

Em 2014, Pielke foi contratado como colunista pelo então prestigiado site americano *FiveThirtyEight*. Seu artigo de estreia, *Os desastres custam mais do que nunca, mas não por causa da mudança climática*, resumia o próprio consenso do IPCC: não há aumento estatisticamente relevante na frequência ou intensidade de eventos extremos que justifique a alta dos custos. O problema, dizia ele, não é o clima, mas o aumento da exposição – mais gente, mais patrimônio, mais infraestrutura em áreas vulneráveis. A reação foi imediata. Pielke foi demitido poucos dias depois.

O pesquisador não se abateu. Em 2024, publicou um artigo na revista *Nature* com críticas contundentes ao banco de dados dos *Billion Dollar Disasters* (BDD), da Administração Nacional Oceânica e Atmosférica (NOAA) – a base que contabiliza desastres naturais nos Estados Unidos com perdas superiores a US$ 1 bilhão. Pielke mostrou que a série ajustava os valores apenas pela inflação, ignorando fatores fundamentais como crescimento populacional, aumento da riqueza e urbanização em zonas de risco – o que distorce por completo a interpretação dos números. Menos de um ano depois da publicação do artigo, a NOAA anunciou que o banco de dados sobre desastres seria "aposentado". Reportagens da *CBS News* e do *Washington Post* revelaram que o motivo era a agência não conseguir mais defender tecnicamente sua metodologia. [99]

## "A Inglaterra terá o clima da Sibéria até 2020"

Em 2003, a Unidade de Planejamento Estratégico do Pentágono encomendou um relatório sobre mudanças climáticas que deveria figurar em qualquer lista dos maiores desperdícios do dinheiro do contribuinte americano. O estudo, com título pomposo — *Um cenário de mudança climática abrupta e suas implicações para a segurança nacional dos Estados Unidos* — foi produzido por Peter Schwartz, consultor de riscos da CIA, e Doug Randall, da consultoria Global Business Network. Com a missão de prever o que poderia acontecer caso houvesse mudanças bruscas do clima, eles não economizaram na catástrofe.

Segundo o documento, o clima do planeta mudaria de forma abrupta em pouco tempo. A corrente do golfo enfraqueceria, congelando a Europa do Norte; tempestades gigantescas devastariam as costas americanas; enchentes transformariam partes da Holanda em lagos permanentes; a China e Bangladesh viveriam um colapso agrícola; e os países se envolveriam em guerras por água e comida. O relatório previa "conflitos nucleares, fome e migrações em massa" e sugeria que os EUA teriam de erguer barreiras militares contra os refugiados climáticos. Tudo isso até 2020.

Opinion Sport Culture Lifestyle
The Guardian
Now the Pentagon tells Bush: climate change will destroy us
- Secret report warns of rioting and nuclear war
- Britain will be 'Siberian' in less than 20 years
- Threat to the world is greater than terrorism

*Agora o Pentágono diz a Bush: a mudança climática vai nos destruir*

*• Relatório secreto alerta sobre revoltas e guerra nuclear*
*• O Reino Unido será como a 'Sibéria' em menos de 20 anos*
*• A ameaça ao mundo é maior do que o terrorismo*

A imprensa abraçou o drama com gosto. O *Guardian*, por

exemplo, publicou uma reportagem em 2004 com o título pra lá de sensacionalista: *Colapso climático: o pesadelo climático do Pentágono*, e o subtítulo: *Colapso em 20 anos. Guerras por água. Conflito nuclear. Fome. Tumultos. A mudança climática nos próximos 20 anos pode resultar em uma catástrofe global, custando milhões de vidas em guerras e desastres naturais.* A reportagem trata o relatório com seriedade (*Especialistas familiarizados com o relatório dizem que sua ameaça não deve ser subestimada*) e aproveita para criticar a insistência do então presidente George W. Bush em negar o impacto iminente da mudança climática. O tempo mostrou quem estava mais perto da realidade.

## "A mudança climática ameaça a oferta mundial de alimentos"

Se existe uma conquista que a humanidade deveria comemorar com champanhe e fogos de artifício todos os anos é a revolução alimentar que vivemos no século XX. O problema que nos afligiu durante quase toda a história – a escassez aguda de comida – de repente virou do avesso. Nós nos tornamos capazes de colher tantos alimentos sem aumentar na mesma medida a área de cultivo que passamos a enfrentar o excesso de comida e epidemias de obesidade. Esse de fato é um problema – mas um que nossos antepassados devem ter sonhado ter de enfrentar.

E, no entanto, o que os intelectuais médios fazem, em vez de comemorar a revolução agrícola que encheu nossa mesa de comida? Retratam a situação atual com as piores tintas – e carregam ainda mais a mão ao prever o que nos espera no futuro.

Em 2019, o *New York Times* estampou: *Mudança climática ameaça a oferta mundial de alimentos, diz a ONU.* Segundo a reportagem, "a mudança climática já está prejudicando a disponibilidade de alimentos

por causa da queda nos rendimentos e da perda de terras devido à erosão, desertificação e elevação do nível do mar, entre outras coisas".

Por um lado, o título da reportagem é um tanto óbvio: é claro que alguma mudança climática afeta alguma oferta de alimentos no mundo. Mas daí a dizer que toda a oferta de comida está ameaçada é uma viagem.

O jornal não se importou de lembrar aos leitores que, em vez de "queda nos rendimentos", houve uma alta espetacular nos rendimentos das lavouras. Nos 40 anos anteriores à reportagem do *New York Times*, a produtividade do milho aumentou 76%, a do arroz, 78%, a do trigo, 101%, a da soja, 55%, e a do feijão, 115%. É difícil achar algum cultivo que no longo prazo tenha perdido rendimento.[100]

Na mesma linha, em 2021, a Organização das Nações Unidas para a Alimentação e a Agricultura (FAO) publicou uma obra-prima do alarmismo, o relatório *2021: Sobre agricultura e segurança alimentar.* Segundo o texto,

> *em nenhum outro momento da história a agricultura enfrentou uma combinação tão grande de riscos conhecidos e desconhecidos, interagindo em um mundo hiperconectado e em uma paisagem em mudança precipitada. A crescente frequência e intensidade de desastres, junto com a natureza sistêmica do risco, estão colocando em risco todo o nosso sistema alimentar.*[101]

Repare na grandiosidade da afirmação: "em nenhum outro momento da história". Nem nas grandes crises de fome da Irlanda ou da Índia. Nem durante o século XIV, quando o mundo viveu pelo menos 48 epidemias de fome, com mais de 5 milhões de mortos. Não: de acordo com o relatório da FAO, a agricultura mundial nunca viveu tantos riscos quanto em 2020. Será que não houve um certo exagero aqui?

Em 2020, segundo os dados da própria FAO, o mundo tinha batido recorde de produção de vegetais. Nunca havia produzido tanto arroz, milho, tomate, leite e frutos do mar por aquicultura. Em 2021, enquanto a FAO publicava seu relatório, o mundo bateria o recorde histórico da produção total de carnes.[102]

Como é comum, essas previsões alarmistas se repetem há anos. Em 2009, o Escritório das Nações Unidas para a Redução do Risco de Desastres (UNDRR) publicou o relatório *Mudança climática: impacto na agricultura e custos de adaptação*. Segundo o estudo, "a mudança climática resultará em aumentos adicionais nos preços das culturas agrícolas mais importantes – arroz, trigo, milho e soja. Preços mais altos de ração levarão a preços mais altos de carne".

Desde então, o preço relativo (descontada a inflação) do trigo ficou estável e houve queda no preço relativo do arroz, do milho e da soja.[103]

O preço da carne de boi subiu, mas a de porco e cordeiro ficaram mais baratas.[104]

Em 2008, outro relatório da FAO afirmou que "as práticas de aquicultura podem ser ameaçadas, entre outros fatores, por eventos climáticos extremos mais frequentes, secas e aquecimento das águas".[105]

Desde então, a produção mundial de aquicultura bateu recordes ano a ano. Cresceu, até 2022, 164% no Sul da Ásia, 135% na África Subsaariana, 131% na América do Sul e Caribe, 89% no Norte da África e Oriente Médio.[106]

Também em 2009, um estudo publicado na *Proceedings of the National Academy of Sciences* estimou que, antes do fim do século XXI, "as produtividades médias ponderadas pela área devem diminuir entre 30% e 46% sob o cenário de aquecimento mais lento (B1) e entre 63% e 82% sob o cenário de aquecimento mais rápido".[107] Esperemos até o fim do século, mas, em apenas 14 anos entre 2009 e 2023, o que se viu foi que a produtividade do milho nos Estados Unidos subiu 8%, e a da soja, 15%.[108]

## "Temos poucos anos para salvar o mundo!"

A agência *Associated Press* noticiou em abril de 2024 uma declaração assustadora do chefe da ONU para o clima, Simon Stiell: "temos apenas dois anos para salvar o mundo".

> *Quem exatamente tem dois anos para salvar o mundo? A resposta é: cada pessoa neste planeta. Cada vez mais pessoas querem ação climática em toda a sociedade e nos diversos espectros políticos, em grande parte porque estão sentindo os impactos da crise climática em seu dia a dia e no orçamento doméstico.*[109]

Preocupante, não? Mas veja que curioso. Trinta e cinco anos antes, a mesma agência AP noticiou uma declaração quase idêntica – também de um funcionário da ONU. Em 1989, o responsável era Noel Brown, diretor do Programa das Nações Unidas para o Meio Ambiente. Brown alertou:

> *Temos apenas uma janela de dez anos para resolver o problema. (...) nações inteiras poderão desaparecer sob o mar devido ao aumento do nível dos oceanos se o aquecimento global não for revertido até o ano 2000.*[110]

Por que continuamos acreditando nessas profecias mesmo depois de elas se revelarem maluquice? Talvez por essas frases provocarem um senso de missão, uma estranha sedução em acreditar que vivemos a década mais crucial da história da humanidade – mesmo que essa "década crucial" se repita há mais de 40 anos. Salvar o mundo é importante. Mas seria bom começar tentando salvar o bom senso.

AP

WORLD U.S. POLITICS SPORTS ENTERTAINMENT BUSINESS SCIENCE FACT CHECK MORE

Trump wraps Mideast trip 'Diddy' trial Chris Brown Birthright citizenship James Comey

UN climate chief presses for faster action, says humans have 2 years left 'to save the world'

*2024: diretor da ONU diz que temos apenas 2 anos para salvar o mundo.*

U.N. Predicts Disaster if Global Warming Not Checked

PETER JAMES SPIELMANN June 29, 1989

UNITED NATIONS (AP) _ A senior U.N. environmental official says entire nations could be wiped off the face of the Earth by rising sea levels if the global warming trend is not reversed by the year 2000.

*1989: diretor da ONU diz temos apenas 10 anos para salvar o mundo.*

dds

# 7. Os mercadores do fim do mundo

## COMO FUNCIONA A ESPIRAL DE CATASTROFISMO CLIMÁTICO

Suponha que uma organização receba dinheiro de bilionários para publicar apenas estudos científicos e relatórios otimistas sobre o clima. Ela deixa claro que seu objetivo é influenciar jornalistas a contarem histórias positivas, que tranquilizem o público.

Ao tratar de tempestades tropicais, por exemplo, um estudo patrocinado por essa organização destacaria que o aquecimento global faz o vento soprar em diferentes direções dependendo da altitude, o que dificulta a formação de furacões. A análise ignoraria, no entanto, que o calor extra no mar pode dar mais combustível a eles.

Seria um escândalo, não? Um estudo científico não pode nascer com a conclusão já pronta – e perde credibilidade só por ter sido encomendado por uma entidade com esse viés. O simples fato de nascer de uma fonte declaradamente engajada já levanta suspeitas. Um grupo assim deveria ser classificado como organização de lobby, não científica.

Agora imagine a versão simétrica: uma entidade que também recebe dinheiro de bilionários, mas para publicar apenas estudos e relatórios alarmistas. Ela também deixa claro que seu objetivo é influenciar a imprensa – desta vez, com histórias preocupantes.

Ao abordar os furacões, um estudo patrocinado por essa organização enfatizaria o aumento da energia disponível nos oceanos, favorecendo eventos mais intensos. Ignoraria, no entanto, o fator do cisalhamento do vento, que dificulta a formação de furacões.

Como no primeiro caso, esse estudo, só de ter sido feito sob encomenda, já levanta suspeitas. E o grupo que o patrocinou deveria ser classificado como organização de lobby, de ativismo, não científica. Mas, curiosamente, não é isso que acontece, como mostra o caso a seguir.

Em 20 de novembro de 2024, a organização Climate Central anunciou uma descoberta preocupante: “A mudança climática aumentou a velocidade máxima dos ventos de todos os furacões do Atlântico em 2024. O aquecimento global causado pela ação humana elevou a temperatura dos oceanos e intensificou todas as 11 tempestades, aumentando sua velocidade máxima de vento sustentado em 14 a 45 quilômetros/hora."

A notícia se baseava num estudo publicado na revista científica *Environmental Research: Climate.* Um infográfico em tons vermelhos mostrava que, por causa da mudança climática, os furacões daquele ano foram uma categoria mais destrutivos do que se tivessem ocorrido na era pré-industrial.

A notícia se espalhou como um furacão. A agência AFP repercutiu o estudo feito "pela Climate Central, um instituto de pesquisa". A partir da AFP, dezenas de jornais, rádios e redes de TV falaram sobre o estudo. No total, a análise atraiu a atenção de pelo menos 134 jornais e redes de TV em todo o mundo e foi citada em 11 verbetes da Wikipédia. Ficou entre 0,05% estudos que mais tiveram atenção da imprensa.[111]

Semanas depois, porém, surgiram críticas. Cientistas climáticos ficaram surpresos com uma conclusão tão enfática e precisa num tema que é bastante incerto. Os dados históricos sobre a intensidade dos furacões não indicam uma tendência clara em relação ao número ou à potência acumulada dos ciclones. O último relatório do IPCC, por exemplo, diz que "há baixa confiança na maioria das tendências relatadas de longo prazo (multidecadal a centenária) em métricas baseadas na frequência ou intensidade de ciclones tropicais". Na mesma linha, a Administração Nacional Oceânica e Atmosférica (NOAA) dos Estados Unidos diz:

> *É prematuro concluir com alta confiança que os aumentos causados pelos humanos nos gases de efeito estufa provocaram uma mudança na atividade passada de furacões na bacia do Atlântico que esteja fora do intervalo de variabilidade natural".*[112]

Isso é esperado porque os efeitos do aquecimento global nos ciclones mais ou menos se anulam. Para se formar, um furacão precisa de águas quentes e uma coluna de ar relativamente estável, com ventos soprando na mesma direção em diferentes altitudes. O aquecimento global eleva a temperatura dos oceanos, mas também aumenta o cisalhamento vertical (quando ventos em diferentes altitudes sopram em direções e velocidades diferentes), o que atrapalha a formação e a organização do ciclone. O carro tem um motor mais potente, mas não consegue chegar a 320 quilômetros/hora porque corre numa estrada com mais buracos e curvas.

O que explicava, então, a conclusão arrojada do estudo da Climate Central? O cientista climático Patrik Brown, professor adjunto da Universidade Johns Hopkins, notou que houve um viés metodológico provavelmente escolhido a dedo para se chegar a uma conclusão alarmista. O estudo se baseava num pequeno artifício: analisou apenas o efeito do aumento da temperatura, deixando para baixo do tapete o efeito do cisalhamento do vento que enfraquece os ciclones. Segundo Brown, uma conclusão mais honesta e científica do estudo seria: "A mudança climática aumentou as velocidades dos ventos de todos os furacões do Atlântico em 2024 (...) *se focarmos exclusivamente naqueles aspectos do clima que sabemos que intensificam os furacões (temperaturas da superfície do mar) e ignorarmos ou minimizarmos aqueles aspectos das mudanças climáticas que tenderiam a reduzi-los.*"[113]

Para ser justo com os autores do estudo, é preciso reconhecer que eles deixam essa escolha evidente logo no título do artigo: *O aquecimento dos oceanos causado pela ação humana intensificou os furacões recentes.* Mas é incorreto generalizar e afirmar, como fez a assessoria de imprensa da Climate Central, que toda a "mudança climática aumentou as velocidades máximas dos ventos", pois para se fazer essa afirmação seria necessário incluir todos os fatores. Sem considerar todas as variáveis da equação, o infográfico com o aumento do poder destrutivo e os números de maior velocidade dos furacões parece mais desinformar do que informar. Na verdade, parece feito para desinformar.

Por que os pesquisadores deixaram de lado os fatores que enfraquecem os furacões? Por que caíram num viés de escolha tão fácil de se identificar?

Tudo começa a fazer sentindo quando percebemos que a Climate Central não é um "instituto de pesquisa", como disseram os jornais, mas um instituto de ativismo climático. Ela trabalha junto a jornalistas oferecendo conteúdo e notícias sobre o clima específicas para cada época do ano. Fornece infográficos sobre ondas de calor perto do verão do Hemisfério Norte, notícias sobre furacões na temporada de furacões e, pouco antes dos Painéis Climáticos da ONU, previsões sobre como a mudança climática vai afetar a política internacional. Sua missão autodeclarada é "utilizar a ciência, *big data* e tecnologia para gerar milhares de narrativas locais e imagens visuais atraentes que esclareçam os impactos das mudanças climáticas e os fardos desiguais que elas impõem".

A Climate Central pede doações em seu site baseada num pressuposto alarmista: *A mudança climática é o desafio global de nosso tempo – e o momento de agir é agora.* A pesquisa sobre os furacões de 2024 foi financiada pelas fundações Bezos Earth Fund, Schmidt Family e a CO2 – todas com missões explicitamente ligadas a "comunicar os riscos urgentes do clima extremo" e, portanto, interessadas justamente em resultados que sirvam a esse propósito. Institutos sérios de pesquisa climática costumam publicar estudos com conclusões diversas e raramente impactantes. Já as publicações da Climate

Central têm todas um formato muito parecido, feitas para motivar notícias alarmistas e sensacionalistas nos jornais:

- *Mapas revelam como a mudança climática pode redesenhar fronteiras nacionais, dependendo do sucesso das negociações lideradas pela ONU* (setembro de 2024).
- *Mudança climática expôs 2 bilhões de pessoas a mais de 30 dias de temperaturas perigosas para a saúde entre junho e agosto: Análise* (setembro de 2024).
- *Projeções de nível do mar visualizadas revelam riscos para cidades-sede da Conferência do Clima da ONU à medida que as temperaturas sobem* (novembro de 2023).
- *Mais de 80% da humanidade exposta a calor atribuído à mudança climática em julho de 2023: Relatório* (agosto de 2023).
- *Análise de ilhas de calor urbanas identifica bairros que expõem 41 milhões de moradores a temperaturas significativamente mais altas* (julho de 2023).
- *Com a elevação dos mares ameaçando locais perigosos, comunidades socialmente vulneráveis da Califórnia enfrentam os maiores riscos: Estudo* (maio de 2023).
- *Análise: Elevação dos mares ameaça arrecadação de impostos à medida que propriedades privadas ficam abaixo da linha de maré* (setembro de 2022).
- *Estudo: Risco de inundações costeiras em moradias populares nos EUA deve triplicar até 2050* (dezembro de 2020).
- *Novo estudo triplica estimativas globais da população ameaçada pela elevação do nível do mar* (outubro de 2019).
- *Aquecimento descontrolado pode trazer crises simultâneas para cidades dos EUA* (fevereiro de 2019).

Focar apenas nas variáveis que geram as notícias mais alarmantes, como aconteceu no estudo dos furacões de 2024, é uma prática comum na Climate Central. Uma outra publicação, de maio de 2025, tratou do "aumento dos riscos para a gravidez em todo o mundo devido ao calor extremo entre 2020 e 2024". O estudo se concentra no risco, bastante real, das crescentes ondas de calor às grávidas, mas omite o fato de, também por causa da mudança climática, as mortes pelo frio estarem despencando. Isso é relevante porque morrem 17 vezes mais pessoas de frio que de calor (entre elas muitas grávidas e puérperas). É possível que no futuro as mortes pelo calor ultrapassem as de frio, mas por enquanto, o saldo tem sido positivo: menos gente está morrendo por temperaturas extremas.

Um estudo científico de verdade não omitiria essa informação. Tentaria incluir todos os efeitos causados pelo aquecimento global, sem se preocupar se suas conclusões ficassem entediantes e não motivassem manchetes vistosas. O bom cientista não esconde fraquezas de seu argumento – deixa claro quais são as dificuldades de sua conclusão e conjectura sobre como pode estar errado. Não monta um estudo para provar uma conclusão – tira a conclusão friamente de acordo com os dados que obteve.

Entre 2014 e 2017, a Climate Central coordenou o World Weather Attribution (WWA), um instituto que publica estudos relacionados a eventos climáticos recentes com as emissões de carbono e o aquecimento do planeta. Essa busca por culpados já nasceu com um viés: o WWA foi criado justamente para viabilizar a litigância climática – gerar estudos que possam ser usados em tribunais para responsabilizar empresas por mortes causadas pelo clima, seguindo o caminho das ONGs antitabaco que processaram indústrias do cigarro.[114] A comprovação desse viés vem das palavras da própria fundadora da WWA, a cientista Friederike Otto. Numa palestra pública, Otto afirmou: "Diferentemente de outras áreas da ciência climática, a atribuição de eventos extremos foi originalmente proposta pensando nos tribunais."[115]

Isso não é ciência, é militância de jaleco. O que essas organizações fazem não é fora da lei, mas está mais para o ativismo, a publicidade ou para a assessoria de imprensa. A Climate Central e o World Weather Attribution (WWA) são indústrias de sensacionalismo climático. Ou melhor: são parte de uma indústria mais abrangente de sensacionalismo climático. As discussões sobre o clima foram tomadas por um ambiente em que todos ganham ao validar ou reforçar o alarmismo dos outros – ou o promovem como uma "nobre mentira" em nome de um bem maior.

## O papel da imprensa

Steven Koonin não é nenhum cientista lunático desses que adoram Vladimir Putin. Físico, professor da Universidade de Nova York e ex-subsecretário de ciência no Departamento de Energia durante o governo Obama, Koonin é um cientista do *establishment*, com décadas de experiência em modelagem climática e formulação de políticas públicas. Foi também autor principal do capítulo sobre modelagem climática do Terceiro Relatório de Avaliação do IPCC. No livro *Unsettled*, ele descreve como a ciência climática foi capturada por um sistema de incentivos que favorece o catastrofismo. "O impulso para narrativas alarmistas se tornou uma espiral que se retroalimenta", diz ele. "Quanto mais alarmante a narrativa, mais financiamento e atenção a pesquisa recebe; quanto mais atenção recebe, mais os formuladores de políticas e a mídia a amplificam; quanto mais é amplificada, mais as expectativas públicas de alarme crescem."

Esse alinhamento de incentivos não vale só para o clima, mas para praticamente todos os temas ambientais. A ONG que vive de doações para "salvar as florestas tropicais" tem mais facilidade em captar recursos se exagerar o ritmo do desmatamento e o avanço da pecuária. A que combate a poluição plástica ganha mais visibilidade se espalhar imagens manipuladas de "ilhas de plástico".

Mas o sucesso das ONGs em emplacar suas versões tendenciosas também revela o papel da imprensa nessa espiral de alarmismo. Por que os jornais e redes de TV engolem tão facilmente as histórias repetidas por ativistas?

A resposta imediata é que o alarme chama mais a atenção. Apesar de reformas editoriais de jornais de vez em quando incentivarem o costume de dar boas notícias aos leitores, o fato é que pouca gente liga para elas: preferimos o risco, a ameaça, a história revoltante. Há uma explicação evolutiva para isso. Na natureza, o falso positivo vale mais que o falso negativo. É melhor ficar várias vezes preocupado com uma ameaça que não se concretiza do que morrer de repente atacado pelo leão. Ninguém vai dar a mínima para a notícia "novo estudo não consegue afirmar com confiança se vai haver mais secas ou mais chuvas por causa da mudança climática em 2050". Nenhum

repórter vai conquistar a atenção de seu editor se tentar emplacar uma reportagem dizendo que "há pelo menos cinco motivos para a maior intensidade das queimadas da Califórnia, alguns mais importantes que o aquecimento global causado pelo homem".

Considere, por exemplo, a seguinte opinião apresentada por um cientista climático durante uma palestra em 2019:

> *É difícil, e em muitos lugares impossível, aconselhar cientificamente os esforços da sociedade para se adaptar diante do aquecimento inevitável. Nossas lacunas de conhecimento são assustadoras, pois tornam impossível avaliar a extensão em que um determinado grau de aquecimento representa ameaças existenciais.*

A afirmação desse acadêmico não recebeu nenhuma cobertura da imprensa, nem sequer uma notinha no rodapé do jornal local. Alguém poderia dizer que o autor da fala não é relevante o suficiente para ganhar atenção da mídia – mas estamos falando de Bjorn Stevens, diretor do Instituto Max Planck de Meteorologia, um dos principais físicos climáticos do mundo. Dá para entender a falta de interesse: trata-se de uma típica opinião entediante de cientista – cuidadosa, cheia de nuances, expondo honestamente os pontos fracos de sua área de estudos e sugerindo que é temoroso traçarmos cenários precisos. Em vez de dar atenção a ele, a imprensa daquele ano deu muito mais palco a manchetes que, precisamos admitir, rendem muito mais cliques:

*Mudança climática pode representar 'ameaça existencial' até 2050, diz relatório* (*CNN*).

*Relatório sobre mudança climática: A civilização humana em risco até 2050, de acordo com nova análise australiana sobre mudança climática* (*CBS News*).

Na mesma linha, nas notícias sobre relatórios do IPCC, a imprensa quase sempre ignora incertezas, hesitações e previsões brandas baseadas em cenários mais otimistas. O jornalista vai com olho clínico pinçando o que pode justificar uma notícia alarmista, baseada no cenário mais tenebroso e irreal.

O apetite do público por catástrofes não explica tudo. O debate climático foi sequestrado pela política, e isso distorce a cobertura. Muitos leitores mais à direita até gostariam de ver reportagens mais equilibradas sobre a mudança climática – mas os jornalistas, como qualquer grupo, também têm seus vieses. Um dos ingredientes do caldo alarmista da imprensa é justamente o viés político da categoria. Numa pesquisa de 2022, apenas 3,4% dos jornalistas americanos se disseram republicanos: o resto se considera democrata (36,4%) ou se diz "independente" (51,7%).[116] No Reino Unido, 77% dos jornalistas se consideram de esquerda; no Brasil, mais de 80%.[117] Essa preferência política estimula muitos dos profissionais a encarar a mudança climática como uma oportunidade de enquadrar as grandes empresas, validar suas ideias contrárias ao mercado e defender mais impostos, regulações e gastos estatais. Muitos jornalistas acabam perdendo o distanciamento que a profissão exige e se tornando militantes da causa climática. Como diz Koonin:

> *Ao interagir com jornalistas, percebo que, para alguns, "mudança climática" tornou-se uma causa e uma missão – salvar o mundo da destruição pelos humanos –, de modo que incluir alarme em qualquer história se torna a coisa "certa" a fazer, até mesmo uma obrigação. Isso foi agravado pelo surgimento de uma nova categoria de trabalho: "repórteres climáticos". A missão deles é amplamente predeterminada; se não tiverem uma narrativa apocalíptica para relatar, não publicam nem transmitem nada.*

O viés à esquerda também explica por que jornalistas tão facilmente aceitam qualquer estatística ou história que ONGs de esquerda divulgam. O exemplo que mais me chama atenção é o da Oxfam, organização britânica que luta contra a desigualdade. Ano a ano, a Oxfam divulga relatórios com afirmações impressionantes como "o 1% mais rico do mundo tem mais riqueza que os 95% de baixo de toda a população mundial". Muitos economistas já apontaram falhas desses relatórios – a medição usada pela Oxfam considera o total de ativos menos as dívidas, de modo que uma criança que ganhou US$ 10 da avó é mais rica que um CEO que fez um financiamento de um apartamento. Mesmo assim, as estatísticas da Oxfam geralmente ganham a manchete principal dos sites de notícia como se viessem de instituições oficiais.

De vez em quando, jornais da direita também engolem dados de ONGs – desde que os números confirmem uma narrativa à direita. Por exemplo, publicações informaram em 2025 que "o Brasil deve desmatar quase 50 campos de futebol por mês para atender a demanda por carros elétricos da Europa". Divulgar essa estatística é uma forma interessante de expressar a contradição entre duas pautas ambientais – o carro elétrico e a preservação da Amazônia. Então o jornalista à direita se estimula a divulgá-la – mesmo que a ONG autora da notícia omita que a energia vinda de combustíveis fósseis também exige mineração.

Nada escancara mais o duplo padrão da imprensa ambiental do que sua seletividade ao denunciar conflitos de interesse. Se um pesquisador cético da mudança climática tem vínculo com petroleiras ou agronegócio, é devidamente desqualificado: "pago por espalhar fake news", "mercador da dúvida", "financiado por interesses sujos". Nisso o jornalista está certo: conflitos de interesse existem e precisam ser revelados.

Mas o curioso é que essa vigilância desaparece quando a pesquisa diz o que o jornalista quer ouvir. Se o relatório catastrofista é bancado por ONGs que vivem de doações – doações que crescem na medida em que o público se assusta –, pouca gente chama seus autores de "mercadores do alarme" ou "pagos por espalhar sensacionalismo". Por que não aplicar o mesmo rigor crítico aos dois lados? Essa assimetria mostra que o critério não é jornalístico: é ideológico.

## O papel dos pesquisadores e das revistas científicas

Em agosto de 2023, o cientista climático Patrick Brown publicou, com colegas, um artigo na prestigiosa revista *Nature* sobre as causas dos incêndios florestais na Califórnia. O estudo analisava os dias em que as condições meteorológicas (calor, baixa umidade, ventos fortes) fortaleciam os incêndios. E concluía que o aquecimento global tornava essas condições mais frequentes e perigosas. Para um jovem pesquisador, a publicação foi uma tremenda conquista. "Fui inundado de 'parabéns' por colegas e dei mais de uma dúzia de entrevistas amigáveis para vários veículos de imprensa. Chegaram até a me oferecer um serviço para imprimir meu artigo numa caneca de café, como um tipo de troféu", conta ele.

Semanas depois, porém, Brown fez algo que poucos ousariam. Publicou um artigo para o site *The Free Press* admitindo: "Eu omiti a inteira verdade para que meu artigo sobre mudanças climáticas fosse publicado".

Ele revelou que havia deliberadamente deixado de fora fatores tão ou mais relevantes para o aumento das queimadas (como o manejo florestal, incêndios preventivos, maior presença humana e aterramento de cabos de energia) porque, se não o fizesse, o estudo provavelmente não teria sido aceito pela *Nature*. "Os editores dessas revistas deixaram absolutamente claro, tanto pelo que publicam quanto pelo que rejeitam, que desejam artigos sobre o clima que apoiem determinadas narrativas pré-aprovadas – mesmo quando essas narrativas prejudicam o conhecimento mais amplo para a sociedade", escreveu.

Desta vez, ninguém o chamou para entrevistas. Pelo contrário, sua honestidade teve um custo social: Brown foi criticado e atacado em blogs e nas redes. Ele me contou que recebeu cerca de cinquenta mensagens de apoio de colegas pesquisadores – mas mensagens privadas, sem apoio público nas redes socais. Pouquíssimos tiveram coragem de se manifestar abertamente. "Isso mostra o clima de autocensura que existe nessa área", disse.

Brown meteu o dedo numa ferida que poucos ousam tocar: o papel das revistas científicas de prestígio – e de boa parte dos próprios pesquisadores – na espiral de alarmismo climático. Publicar um estudo na *Nature* ou na *Science* é um salto enorme para qualquer carreira acadêmica. E os pesquisadores sabem muito bem que, para isso, é melhor aderir ao tom desejado pelos editores. Autor de três artigos publicados na *Nature*, Brown também participou do processo de revisão por pares que a revista impõe aos artigos que pensa em publicar. Diz ele:

> *Nessas experiências, assim como nas diversas tentativas fracassadas de publicar nesses periódicos, aprendi que enquadrar a pesquisa de um modo que pelo menos apoie, de forma direcionada, a narrativa predominante torna o caminho para uma publicação de alto impacto muito menos arriscado. Por exemplo, em vez de perguntar: "Qual é a magnitude da influência das mudanças climáticas nos fenômenos*

> *que estou estudando em relação a todas as outras influências?", é mais prudente perguntar: "Como as mudanças climáticas impactam negativamente os fenômenos que estou estudando?"*

As revistas científicas prestam quase sempre um excelente trabalho. O sistema de revisão por pares busca evitar que estudos capengas ou fraudulentos tenham espaço. Ainda assim, vieses políticos podem comprometer a seleção do que é publicado e do que é jogado fora. Desde as polêmicas médicas da pandemia de 2020, revistas como *Nature* e *Science* abandonaram a neutralidade e declararam apoio público a políticos como Joe Biden e a políticas como as previstas no Acordo de Paris. Isso envia um recado claro aos pesquisadores: estudos que reforcem a narrativa de que limitar o aquecimento global a 1,5 °C "vale qualquer custo" são bem-vindas. Já aquelas que questionem esse dogma, nem tanto.

Parece haver uma preferência a estudos que enquadrem custos de descarbonização como obstáculos que podem ser superados, deixando de lado previsões pessimistas sobre o custo gigantesco de se livrar dos combustíveis fósseis. Estudos que analisem a resiliência humana diante do clima e que proponham soluções fora da ortodoxia de "reduzir emissões a qualquer preço", como processos para capturar carbono da atmosfera, são evitados. "Esses padrões enviam sinais aos pesquisadores que aspiram a publicar nessas revistas, incentivando mais do mesmo e completando o ciclo de retroalimentação social", diz Brown.

Como muita gente repete, a grande vantagem da ciência é se autocorrigir. Mas essa autocorreção nem sempre é imediata. No curto prazo, o ambiente acadêmico é vulnerável ao pensamento de grupo, ao desejo dos pesquisadores de se sobressaírem e a camisas de força das ortodoxias.

Tem ganhado força nos últimos anos uma área fascinante: a metaciência – o estudo da própria ciência. Esse campo investiga os vieses, os incentivos e os erros sistemáticos que moldam o trabalho de cientistas e instituições científicas. Uma de suas descobertas mais instigantes é o chamado *press-replicability gap*: a lacuna entre o alarde da imprensa e a solidez dos estudos. Quanto mais um estudo vira notícia, menos confiável ele tende a ser.

Um levantamento da Universidade da Califórnia revelou que artigos que falham em replicação são, em média, 153 vezes mais citados do que os que são confirmados. Outro estudo, com mais de 14 mil pesquisas em psicologia, apontou o mesmo padrão. Isso ocorre porque, para virar manchete, um estudo precisa ser novo, chocante, alarmista – exatamente o tipo de resultado mais raro do ponto de vista estatístico. Muitos pesquisadores acabam torturando os dados para que eles digam o que os jornalistas querem ouvir.

É um comportamento esperado. Cientistas não são robôs racionais. Como qualquer ser humano, são influenciados pela cultura,

pelas modas intelectuais, pelas pressões sociais e pelos incentivos da carreira acadêmica. Além disso, muitos têm convicções ideológicas fortes e confundem o trabalho científico com militância. Isso é mais comum em áreas de estudo que estão no centro de debates políticos, como o meio ambiente e o clima.

Muitas vezes o pesquisador nem esconde – e até se orgulha – das motivações políticas de sua pesquisa. No documentário *Plastic People*, por exemplo, um cientista italiano explica seu estudo que encontrou microplástico em placentas, e logo emenda um discurso contra o "paradigma econômico" em que as pessoas só têm valor se forem úteis, concluindo: "O objetivo de nosso estudo é a rebelião". Ao assistir a esse trecho, minha confiança no trabalho dele se desfez em micropedaços.

Isso não significa que as revistas científicas sejam imprestáveis, nem que não se possa confiar nos cientistas do clima. A imensa maioria desses pesquisadores tenta, sim, fazer um trabalho honesto e rigoroso – e consegue. O problema é que quem chega a conclusões equilibradas, modestas ou pouco sensacionais dificilmente ganha manchetes ou convites para entrevistas na TV. Não é que a boa ciência não exista. Ela existe, mas fica soterrada por uma montanha de estudos mais midiáticos e declarações alarmistas.

## O papel das agências nacionais e organismos internacionais

De todas as peças da engrenagem do alarmismo, as agências nacionais – como a NOAA e o Serviço Nacional de Meteorologia (NWS) – e organismos internacionais como o IPCC talvez sejam os menos atuantes. Boa parte de seus cientistas ainda preserva um espírito nerd mais interessado em gráficos, modelos e intervalos de confiança do que em manchetes no *New York Times*. Mas mesmo essas instituições de vez em quando também escorregam para o alarmismo – seja pela pressão política, seja porque alguns de seus porta-vozes e comunicadores entendem que uma pitada de catastrofismo é a coisa certa a fazer.

Veja, por exemplo, o gráfico abaixo, que mostra o que aconteceu com a intensidade de furacões no Atlântico Norte entre 1970 e 2010. Parece clara a tendência de alta, certo?

## INTENSIDADE DOS FURACÕES NO ATLÂNTICO NORTE

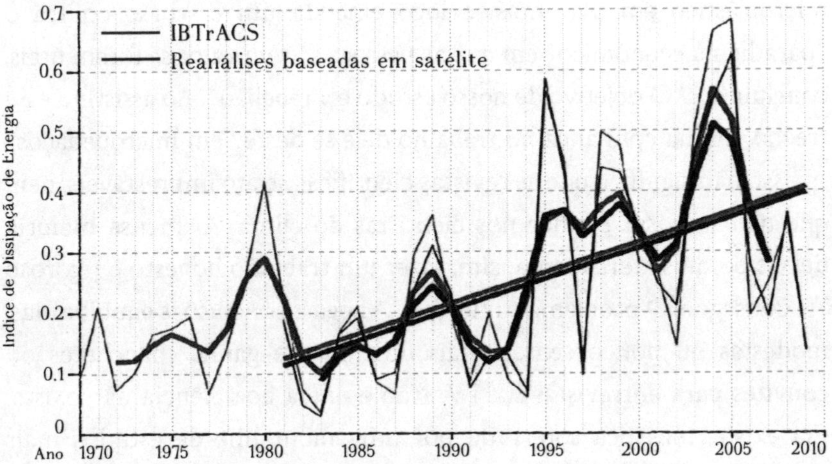


Fonte: The National Climate Assessment (NCA2014). Adaptado de Steven Koonin, Unsettled, 2021

A imagem integrou o Relatório Nacional de Avaliação do Clima de 2014, dirigido por um **comitê consultivo do governo americano.** Mas dê uma olhada no que acontece se ampliarmos o gráfico só três décadas. A tendência de alta de repente desaparece; percebemos que a intensidade dos furacões não está aumentando – os anos 1980 é que tiveram uma atividade abaixo da média.

## INTENSIDADE DOS FURACÕES NO ATLÂNTICO NORTE (1949-2019)

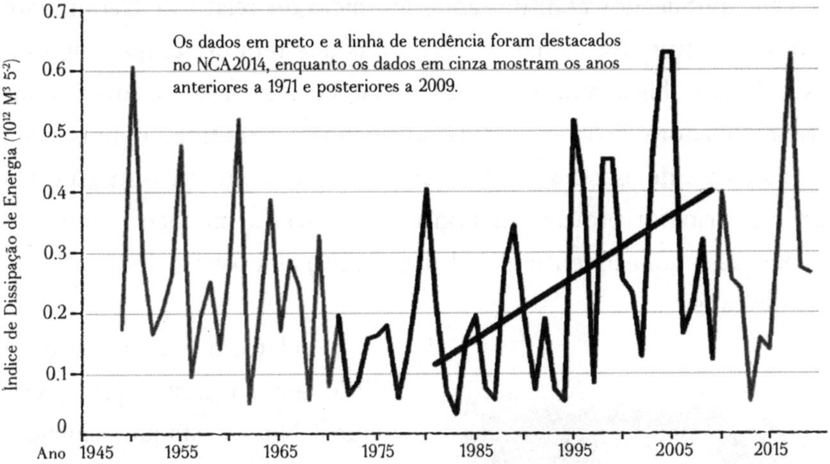


Fonte: The National Climate Assessment (NCA2014). Adaptado de Steven Koonin, Unsettled, 2021.

Não parece que os editores escolheram precisamente um período que mostra uma alta na intensidade dos furacões? Outros trechos do relatório americano reforçam a suspeita de que houve uma tendência de dar mais destaque a informações alarmistas e esconder as tranquilizadoras. Veja, por exemplo, estas duas afirmações:

1. *A intensidade, a frequência e a duração dos furacões no Atlântico Norte, assim como a frequência dos mais fortes (categorias 4 e 5), aumentaram desde o início dos anos 1980. As contribuições relativas de causas humanas e naturais para esses aumentos ainda são incertas.*
2. *Não foi identificada nenhuma tendência significativa no número global de ciclones tropicais, nem foi identificada nenhuma tendência no número de furacões que atingem os Estados Unidos.*

A primeira mensagem, mais preocupante, integrou os "pontos-chave" publicados com destaque no início do relatório. Geralmente é o que a imprensa lê, nas poucas horas que têm desde que obtêm o estudo até publicar a notícia antes dos concorrentes. Já a segunda, mais tranquilizadora, ficou escondida no Apêndice 3, no fim da publicação.

Esse tipo de escolha nos faz suspeitar que a intenção dos editores do relatório foi provar um ponto, convencer o público quanto ao dano que o aquecimento global pode trazer em forma de furacões e tempestades.

O relatório mais recente do IPCC escorrega num erro parecido. Nos destaques iniciais, afirma que já se conseguiu detectar mudanças nos furacões tropicais e atribuí-las à ação humana. No capítulo técnico, porém, o próprio IPCC afirma que há "baixa confiança" em tendências de frequência ou intensidade de furacões, e nenhuma atribuição robusta. Além disso, a escolha da janela temporal também ajuda a fabricar tendências sobre a parcela de grandes furacões no total desses eventos. O IPCC usa dados globais a partir de 1980 – justamente um período de baixa atividade de ciclones. Assim, qualquer aumento depois disso parece mais dramático. Mas se olharmos os dados desde 1950, não há tendência alguma. E se começarmos em 1956 ou em 2002, o gráfico até mostra queda:

**FURACÕES DE GRANDE INTENSIDADE COMO PROPORÇÃO DO TOTAL DE FURACÕES**

Atlântico Norte + Pacífico Norte Ocidental, 1950-2022

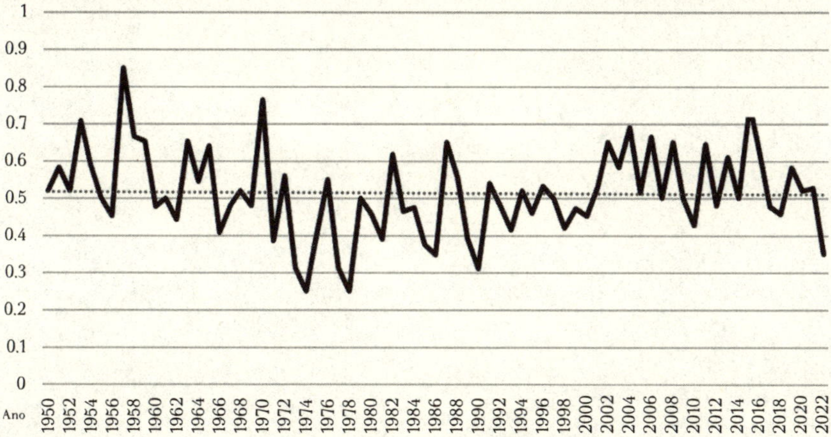


Fonte: http://tropical.atmos.colostate.edu/Realtime/ • @RogerPielkeJr • The Honest Broker. 2 de abril de 2023

Alguém poderia argumentar que o alarmismo, embora exagerado, cumpre uma função nobre: chamar a atenção da sociedade para um problema urgente. Discordo. Ao falar apenas da influência do aquecimento global como causa de eventos extremos, tira-se o foco de outras causas mais gerenciáveis e de soluções mais diretas. É preciso desmontar essa fábrica de alarmismo disfarçado de ciência – antes que ela nos afunde em propostas que não solucionam nada.

# 8. Verdades sujas sobre o lixo

## DESCONFIE DOS SUPERPODERES DOS BIOPLÁSTICOS E DA RECICLAGEM

Quando o assunto é lixo, quase todo o mundo já tem um roteiro pronto na cabeça. Os vilões são claros: o aterro sanitário, o comércio internacional de resíduos, a ilha de plástico no Pacífico. Mas nem sempre os maus da história são tão perigosos assim – e os heróis da gestão de lixo têm bem menos superpoderes do que a gente imagina. A seguir, algumas verdades desagradáveis sobre o lixo.

## A Grande Ilha de Lixo do Pacífico não existe

Onde você preferia dar um mergulho – no Mediterrâneo francês ou na Grande Ilha de Lixo do Pacífico? Acredito que a primeira opção, afinal, as imagens da Grande Ilha de Lixo do Pacífico são assustadoras. Vídeos nas redes sociais e fotos publicadas pelo site da *Forbes* e da *BBC* mostram uma camada de lixo plástico tão espessa que seria difícil nadar no meio dela.[118]

Ocorre que a Grande Ilha de Lixo do Pacífico não existe. As fotos que surgem sobre ela quando procuramos na internet são na verdade de outros lugares – por exemplo, do litoral do Japão depois do tsunami de 2011. Os próprios ambientalistas admitem que não há uma ilha de plástico, apenas uma "sopa", uma área de concentração difusa, onde flutuam fragmentos microscópicos, invisíveis do convés de qualquer barco.

O giro subtropical do Pacífico Norte – uma espécie de redemoinho lento de correntes oceânicas circulares – funciona como uma armadilha natural para detritos flutuantes. Por isso, ali ocorre uma acumulação significativa de plástico, com médias de 300 mil partículas por quilômetro quadrado. Mas o problema da poluição plástica é bem mais intenso nas zonas costeiras populosas e mares fechados, onde as correntes não dissipam os detritos com tanta facilidade. Cerca de 90% do lixo plástico flutuante fica zanzando entre a praia e alguns quilômetros dela. O que é uma má notícia, tendo em vista que a vida marinha fica perto da costa, e, portanto, mais vulnerável à poluição plástica.[119]

Um estudo internacional publicado em 2014, feito por pesquisadores de universidades da Nova Zelândia, Estados Unidos, França, África do Sul e Austrália, resolveu passar a história a limpo e quantificar quanto plástico afinal de contas existe nos oceanos. Para isso o grupo analisou o conteúdo de plástico em 1.571 pontos ao redor do planeta, com dados de 24 expedições realizadas entre 2007 e 2013. Os pesquisadores fizeram coletas com redes de superfície em todos os cinco giros subtropicais, além da costa da Austrália, do Golfo de Bengala e do Mar Mediterrâneo. E foi justamente no Mediterrâneo Noroeste, entre o litoral sul da França e a Córsega, que encontraram o maior valor registrado: até 890 mil partículas de plástico por quilômetro quadrado. Mais que na suposta "Grande Ilha de Lixo do Pacífico".[120] É isso aí: aquelas praias paradisíacas do Sul da França têm uma concentração de plástico maior que o suposto lixão aquático do Pacífico Norte.

**O MEDITERRÂNEO FRANCÊS TEM UMA CONCENTRAÇÃO DE LIXO PLÁSTICO QUASE 3 VEZES MAIOR QUE A SUPOSTA "GRANDE ILHA DE LIXO DO PACÍFICO".**

Uma questão que intriga os pesquisadores de lixo plástico marítimo é justamente onde ele está. Por que as expedições encontram tão pouco lixo plástico no mar?

Não que seja pouco. O estudo citado acima estimou que há pelo menos 5,25 trilhões de pedacinhos de plástico flutuando nos oceanos, com peso total superior a 268 mil toneladas. Mas isso representa apenas 0,1% da produção anual de plástico no mundo. Baseados em taxas conservadoras de fragmentação, os pesquisadores calculavam encontrar até 100 vezes mais partículas pequenas do que realmente encontraram. Para onde está indo o resto que deveria estar se acumulando no mar? Como os próprios autores encerram o artigo: "A questão 'Onde está todo o plástico?' permanece sem resposta".

Outro pesquisador, o oceanógrafo holandês Erik van Sebille, estimou um número maior: 51 trilhões de partículas, mas também 250 mil toneladas. "Na primeira vez em que calculei esse número, fiquei chocado", disse ele numa palestra de 2020. "Fiquei chocado porque, na verdade, é muito pouco." Se considerarmos todo o volume dos mares, o resultado é uma partícula de plástico a cada 26 mil metros cúbicos de água.[121]

Uma possível resposta é que os pedacinhos de plástico estão em águas profundas. Organismos marinhos começam a crescer nos pedaços de lixo, que afundam e em alguns casos atingem os sedimentos do fundo do mar. Como a maioria dos estudos se concentra em águas superficiais (até 50 centímetros), uma revisão focou em pesquisas sobre a presença de plásticos em águas profundas e subsuperficiais. A conclusão foi que, fora algumas exceções com alta concentração, a quantidade de plástico diminui com a profundidade. A diminuição é mais brusca perto de zonas costeiras e mais leve no mar aberto. O mistério continua.

## Escolher um produto "biodegradável" é, quase sempre, inútil

No capítulo 2, falei sobre o fascínio quase místico que o prefixo "bio" exerce sobre ambientalistas, políticos e consumidores ansiosos por fazer a coisa certa. É como se bastasse colocar "bio" na frente de qualquer coisa para que ela virasse automaticamente boa, natural, limpa e amiga dos golfinhos. O melhor exemplo dessa aura mágica são os biodegradáveis, os materiais que se decompõem facilmente sem deixar tantos resíduos tóxicos no meio do caminho. Tomar água de uma garrafa biodegradável soa como um ioga engarrafado: além de se hidratar, você sente que está harmonizando o karma e salvando o planeta.

Algumas cidades embarcaram nessa lógica. A Prefeitura de São Paulo, por exemplo, determinou que lanchonetes e padarias só podem fornecer para os clientes canudos, facas e talheres descartáveis que sejam biodegradáveis. Para atender essa nova demanda, fabricantes de materiais descartáveis correram para lançar plásticos biodegradáveis, que em tese se degradam mais rápido que os tradicionais. E agora vendem canudinhos e sacolas de bioplástico como se fossem a última Coca-Cola no deserto da sustentabilidade, como nesta embalagem:

Os bioplásticos que mais fazem jus ao nome são os feitos de plantas, como o poliácido lático (PLA) e o polietileno verde. São fabricados a partir da fermentação de biomassa rica em açúcares ou amido, como milho, batata ou cana-de-açúcar. Além de caros, esses materiais têm vantagens ambientais discutíveis. Envolvem uso de terra para se plantar a cana – o que pode envolver desmatamento. Sua fabricação emite menos carbono que os plásticos comuns, já que o carbono deles veio do $CO_2$ que a planta capturou quando crescia. Mas exige mais água e energia (é bom lembrar que os fertilizantes usados no cultivo de cana são fabricados com combustíveis fósseis).[122]

E o fato de um plástico ter nascido de plantas não elimina impactos de sua morte, quando virar lixo. Se você jogar a embalagem feita de bioplástico vegetal pela janela do carro e ela parar em rios ou no mar, o resultado não será muito amigável. A decomposição dele vai liberar 16 vezes mais gases do efeito estufa do que se a embalagem fosse destinada a um aterro sanitário, de acordo com um estudo publicado na *Nature* em 2024.[123] Ou seja: o material biodegradável não elimina a necessidade de manejo de lixo e de aterros sanitários.

Uma segunda categoria de plásticos biodegradáveis é a de plásticos tradicionais com aditivos, geralmente sais metálicos, que quebram suas moléculas mais rápido quando expostos à luz ou ao ar. A única diferença para o plástico tradicional é a adição de 1% de aditivos biodegradantes. No caso dos canudinhos, uma substância comum é o estearato de manganês, aditivo sintetizado a partir do coco verde de palmeiras. Há uma controvérsia se esses aditivos conseguem fazer o material se biodegradar por completo, em vez de gerar microplásticos, mas é certo que eles aceleram a degradação quando o

plástico é exposto ao ar ou à luz. (Essa, aliás, é uma das belezas dos polímeros – é possível até mesmo regular a velocidade em que se degradam.)

Mas pense bem. Se você mora numa cidade grande num país razoavelmente desenvolvido, é grande a chance de seu lixo parar num aterro sanitário. E os aterros são construídos justamente para evitar a degradação e o impacto ambiental relacionado a ela. O lixo é compactado e enterrado por diversas camadas de terra para ficar sem acesso a oxigênio, umidade e luz do sol – fatores que fazem as coisas se decomporem. Sem essas forças do apodrecimento, o lixo mal se decompõe – meio que se mumifica. Até mesmo um material natural como uma cenoura leva anos para apodrecer nessas condições.

**NO ATERRO SANITÁRIO, SEM LUZ E OXIGÊNIO, NEM GARRAFAS PET NEM PÉS DE ALFACE CONSEGUEM SE DEGRADAR.**

Um arqueólogo da Universidade do Arizona, ao abrir e remexer lixo de antigos aterros sanitários, conseguiu reconhecer diversos produtos, entre eles um cachorro-quente com 40 anos de idade, uvas, espigas de milho, uma cabeça de alface e um jornal ainda legível mesmo depois de 30 anos no aterro.[124] A única decomposição que ocorre nos aterros é a anaeróbica (na ausência de oxigênio), que libera metano – por isso as instalações mais modernas têm tecnologia para coletar esse metano e vendê-lo como biocombustível.

Ou seja: se você jogar no aterro sanitário canudinho de papel ou de bioplástico "*it's bio*" degradável, ele vai se degradar tão rápido quanto uma múmia do Egito.

Repare só no grau de brilhantismo dos políticos influenciados por contos de fadas ambientais. De um lado, o governo nos obriga a usar canudos e sacolas mais caros, com mais aditivos e mais processos industriais, para que sejam biodegradáveis. Em seguida, gasta bilhões para construir aterros sanitários que evitam a biodegradação. Isso é tão inteligente quanto instalar painéis solares em casa e depois cobri-los com um guarda-sol. Ou quanto eu comprar uma joia para minha mulher e em seguida comentar que ela está um pouco acima do peso.

É por isso que, para quem mora em cidades com aterros sanitários razoáveis, é inútil escolher coisas biodegradáveis. No aterro, nem o papel, nem o bioplástico, nem uma sacola feita de quinoa orgânica vai se degradar. Se seu objetivo for tomar uma Coca Zero e depois atirar o canudinho no mar, ou se está numa praia aonde a ideia de gestão de resíduos ainda não chegou, daí até vale a pena usar bioplástico. Mas tendo em mente que mesmo ele, solto no mar, vai poluir.

Em 2020, ao sancionar a lei banindo talheres descartáveis que não fossem biodegradáveis, o prefeito de São Paulo declarou que medidas como essa demonstravam "um compromisso ético desta geração com as futuras gerações". Eu só consigo imaginar a cara das futuras gerações ao esbarrar nesses delírios. Daqui a mil anos, arqueólogos vão escavar os restos de nossa era e encontrar canudos plásticos biodegradáveis impecavelmente preservados em aterros que não degradam nem sequer uma alface. Vão coçar a cabeça e concluir, com aquele tom condescendente reservado aos povos bárbaros, que nossa civilização não foi exatamente marcada pela inteligência.

## Esperança demais, reciclagem de menos

Como este livro é um guia politicamente incorreto, eu planejava dizer que a reciclagem é uma farsa ambiental, um esforço inútil, um lixo. Não aguento as mensagens moralistas e repetitivas sobre coleta seletiva e a economia circular, e os ativistas que repetem como robôs que "se cada um se conscientizar, fizer a sua parte e separar o lixo", "se houver vontade política e os governos investirem na reciclagem"...

Mas ao mergulhar no assunto, concluí, droga, que a maldita reciclagem até que faz sentido. Economiza matérias-primas, dinheiro e causa menos impacto ambiental que a produção de produtos virgens.

Bem, pelo menos é assim em alguns casos. O aço, por exemplo, pode ser reciclado infinitas vezes num processo muito mais simples que a fabricação original com ferro e carvão. Não à toa, o mercado desse tipo de sucata é ativo. Gigantes produtoras de aço como a Gerdau e a ArcelorMittal compram qualquer portão velho que aparecer pela frente – até 70% do aço que produzem vem da reciclagem.

Do mesmo modo, o alumínio é um dos materiais mais vantajosos para se reciclar. Extrair bauxita e transformá-la em alumínio é um dos processos industriais que mais consomem energia no planeta — cerca de 3% de toda a eletricidade global vai para isso. Produzir uma única tonelada do material consome o equivalente ao uso de 90 casas durante um mês. Se seu país tem fábricas de alumínio, pode apostar: elas estão no topo do ranking de consumo elétrico. Mas quando reciclado, o alumínio exige 95% menos energia. E isso acontece com frequência: 76% de todo o alumínio já produzido no mundo ainda está em uso. No Brasil, campeão da reciclagem de alumínio, a taxa chega a impressionantes 98%.

O mercado de reciclagem do PET das garrafas de refrigerante também é quente – máquinas recicladoras de muitos países estão ociosas por falta de material para se reciclar. O PET vira facilmente material para vasos, vassouras, novas embalagens e poliéster para a indústria têxtil – como aqueles *fleeces* descolados da North Face.

Por fim, a reciclagem pós-industrial é bastante vantajosa e muito mais simples que a pós-consumo residencial. Gráficas produzem milhares de aparas de papel; indústrias geralmente recebem centenas de caixas iguais por dia – e muitas ganham dinheiro extra vendendo esses materiais para recicladoras. Faz todo o sentido ambiental e econômico.

Mas, a partir daí, a reciclagem começa a ficar menos atraente – tanto para o bolso quanto para o planeta. Materiais sujos com comida exigem muito uso de água para a limpeza. Também é preciso gastar energia demais em processos e muito trabalho para separar as embalagens e prepará-las. O papel não pode ser reciclado indefinidamente: depois de cinco reaproveitamentos, suas fibras começam a ficar curtas demais; também podem ocorrer mudanças da estrutura molecular.

O isopor (poliestireno expandido) é um exemplo da dificuldade e do baixo preço. Como é formado por 2% de plástico e 98% de ar, tem muito volume e pouquíssimo peso. É preciso um caminhão inteiro (que gasta diesel e emite carbono) para transportar meros 30 quilos de isopor. Para complicar, muitas embalagens chegam aos centros de reciclagem sujas e com etiquetas com preços e marcas. Em centros de reciclagem que visitei, uma pessoa é alocada somente para tirar etiquetas à mão, uma a uma. Só então o isopor pode ser derretido para se transformar numa massa de poliestireno que será vendida por incríveis R$ 3,20 o quilo.

O papel reciclado não é nenhum campeão da sustentabilidade porque seu processo de fabricação, assim como a reciclagem do plástico, tem limitações e complicações. As fibras de celulose não são eternas: cada vez que o papel é reciclado, as fibras se quebram, ficam mais curtas e mais fracas, até que deixam de ser reutilizáveis. Em média, um papel pode ser reciclado de 5 a 7 vezes, e depois disso precisa ser descartado ou misturado com fibra virgem para manter a qualidade.

O design das embalagens também atrapalha. Nas esteiras de separação, pedaços pequenos demais passam direto – muitas vezes, o funcionário nem tem tempo de alcançá-los. Garrafas PET com cores fora do padrão, como rosa ou azul-escuro, são outro problema: elas não podem ser misturadas com PETs de outras cores, o que obriga as recicladoras a montar estoques separados por cor. Como os centros de coleta têm pouco espaço, deixar pilhas de garrafas sujas se acumulando atrai insetos e piora as condições de trabalho. Muitas recicladoras preferem mandar essas garrafas mais exóticas direto para o aterro, focando apenas nas mais fáceis de reciclar – as transparentes e as verdes. Por essas e outras dificuldades, com sorte os centros de coleta conseguem aproveitar pouco mais da metade do lixo "reciclável" que recebem.

Outra dificuldade clássica é que, em boa parte das vezes, a celulose ou a resina plástica original é melhor e mais barata que os materiais reciclados. Nesses casos, a reciclagem é tão pouco lucrativa que só funciona por meio do subemprego – se houver alguém disposto a ganhar pouco trabalhando com lixo, geralmente em más condições. Se a economia aquece e o desemprego diminui, os centros de triagem não conseguem dar conta do trabalho por falta de funcionários.

Numa visita a uma cooperativa de lixo de São Paulo, a diretora me perguntou, depois que terminei minha entrevista, se poderia falar comigo sobre uma questão. "Você por acaso não conhece homens precisando de emprego? Tô precisando de homens para o trabalho mais pesado nas prensas, mas só mulheres topam trabalhar aqui."

Para haver condições profissionais melhores é preciso que alguém pague a conta. Esse alguém pode ser o governo – mas aí é bom lembrar que todo o dinheiro investido na reciclagem deixa de ir pra saúde, educação ou segurança. Uma opção é a empresa que gerou as embalagens ser obrigada por lei a reciclar ou comprar créditos de reciclagem. Nesse caso, ela vai repassar o custo para o consumidor ou para seus acionistas, o que de um modo ou de outro resulta numa sociedade menos rica, com menos dinheiro para investir e inovar. Na melhor das hipóteses, paga a conta da reciclagem quem opta por isso – como os clientes de cosméticos chiques embalados com "plástico reciclado retirado do mar". Mesmo assim, não se engane: esse mesmo dinheiro poderia ir para atividades mais produtivas.

## RECICLAGEM vs. ATERRO E MATERIAL VIRGEM

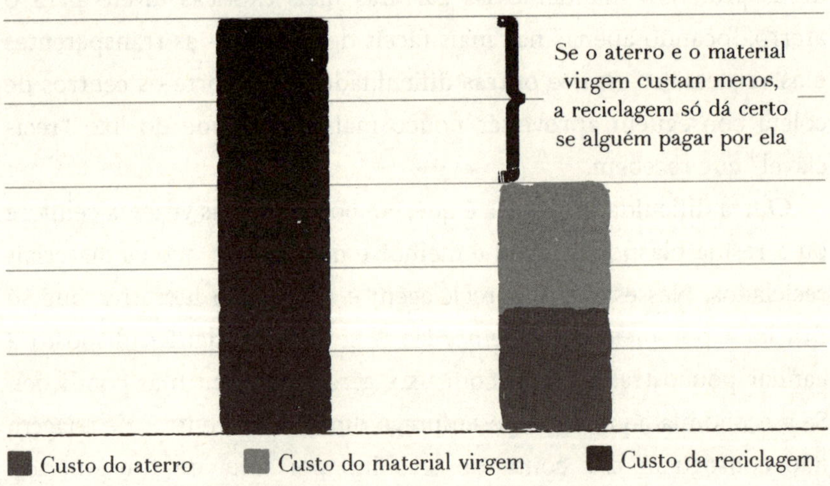

Como pouca gente quer pagar a conta, a reciclagem custa a pegar no tranco. É por isso, apesar de toda a insistência na importância da coleta seletiva e da economia circular, que as taxas de reciclagem de lixo residencial dificilmente chegam a dois dígitos. Talvez esse jogo comece a virar – não por um súbito surto de consciência ecológica ou por leis milagrosas, mas pela força da inovação.

No comando de sensores e câmeras, a inteligência artificial já está revolucionando a triagem de resíduos. Máquinas e braços mecânicos conseguem identificar tipos e cores de plásticos, metais e papéis com mais rapidez e precisão que humanos. Isso não só aumenta a produtividade como melhora a qualidade do material reciclado. Em vez de depender de trabalho braçal mal pago ou de consumidores dispostos a pagar caro por embalagens ecológicas, a IA pode ser o trator que empurra a reciclagem para fora do atoleiro. Será que essa inovação vai causar a demissão de milhares de trabalhadores pobres que vivem da separação do lixo reciclado em todo o mundo? Com toda a certeza. Mas veja por outro lado: milhares de trabalhadores serão liberados para trabalhos mais produtivos, inovadores e bem pagos.

Enquanto essa revolução não se espalha, não conseguiremos reciclar todo o papel e plástico que sai de nossas casas. Mas você pode dormir tranquilo – não é o fim do mundo mandar aquele sachê lambuzado de catchup pro aterro sanitário. Apesar da má fama, os aterros não são monstros devoradores de futuro. São muito mais úteis e civilizados do que parecem.

## Não tenha medo de aterros sanitários

A uma hora de carro de Manhattan, está sendo construído um dos maiores parques do estado de Nova York: o Freshkills, um santuário ecológico de 890 hectares. O parque abriga raposas, veados, tartarugas e mais de 200 espécies de aves. Na primavera e no outono, visitantes podem fazer passeios guiados, andar de bicicleta e de caiaque nos riachos que serpenteiam a área. Quando as obras terminarem, o parque terá espaço para abrigar aulas de ioga, cursos e concertos musicais.

O visitante recém-chegado talvez leve um tempo para descobrir que aquele santuário ecológico é um dos maiores depósitos de lixo do mundo, o Aterro de Fresh Kills. Entre 1948 e 2001, foi o principal destino do lixo de Nova York: recebeu cerca de 140 milhões de toneladas de rejeitos, que chegaram a 70 metros em seus quatro montes. Até mesmo os escombros do *World Trade Center* foram enviados para lá.

Por mais inusitado que pareça, a transformação de aterros sanitários em parques é comum – na verdade o esperado de um bom aterro é que se torne um parque depois de esgotar sua capacidade. Em diversos estados americanos, no Reino Unido, em Israel, no Brasil, em Hong Kong, na Espanha e em muitos outros países, aterros sanitários abrigam hoje ciclovias, parquinhos infantis e de piqueniques.

Às vezes, mal percebemos que a montanha ao lado de casa já foi um depósito de lixo. Foi o caso do Monte Testaccio, em Roma – uma

colina de aparência inofensiva às margens do rio Tibre que, durante muito tempo, passou despercebida como apenas mais uma elevação no relevo da cidade. No século XIX, arqueólogos descobriram que ela não era natural: trata-se de um monte artificial formado por milhões de fragmentos de ânforas romanas, aqueles grandes potes de cerâmica usados para transportar vinho e azeite pelos centros comerciais do Império. Estima-se que estejam enterrados ali os cacos de cerca de 53 milhões dessas ânforas, descartadas entre os séculos I e III.

Lixões a céu aberto são um problema grave, é claro. Mas aterros sanitários construídos de acordo com normas técnicas (com camadas de impermeabilização, sistemas de captação de metano, drenagem da água da chuva na superfície e do chorume na base) são soluções bastante razoáveis, tanto para o bolso quanto para o meio ambiente. Seria ótimo se não fossem necessários, mas estão longe de ser o apocalipse que muita gente imagina.

**ATERROS SANITÁRIOS BEM CONSTRUÍDOS SÃO UMA SOLUÇÃO BARATA PARA O LIXO E RAZOÁVEL PARA O MEIO AMBIENTE.**

"Aterros não são tão ruins quanto parecem", diz a cientista de dados Hannah Ritchie, pesquisadora-chefe do site *Our World in Data* e autora do livro *Não é o Fim do Mundo*. "Frequentemente me sinto culpada por mandar coisas para o aterro. Parece um fracasso: produzi um resíduo que não será reciclado nem reutilizado. (...) Mas um aterro bem gerenciado, profundo no solo, pode ser uma solução ambiental bastante eficaz." Ela ressalta ainda que, ao contrário da crença popular, a maioria dos países não está nem perto de ficar sem espaço para esse tipo de instalação.

Ritchie tem outro ponto interessante. A construção de um aterro sanitário quase sempre soa como má notícia. Provoca protestos, ações na Justiça e duras canetadas de juízes com boas intenções ambientais. Mas o mundo precisa, com urgência, de mais aterros sanitários bem projetados. O problema não é aceitá-los – é impedi-los e empurrar o lixo para soluções improvisadas. No teatro do meio ambiente, o aterro pode até continuar no papel do personagem barrigudo e malcheiroso. Mas é aquele ogro que, no fim da história, salva o reino enquanto os mocinhos ainda estão posando para as fotos.

## Em defesa do tráfico internacional de lixo

Poucos mercados são tão malfalados quanto o do comércio internacional de lixo. É o tipo de atividade que rende imagens revoltantes, protestos e hashtags moralistas. Em vez de tratar o próprio lixo, países ricos estariam usando países pobres como seus lixões particulares. Seria um novo capítulo do imperialismo moderno, não mais em busca de ouro ou petróleo, mas de espaço onde jogar o que sobrou do iFood.

O tráfico de lixo entrou em pauta nos anos 2010, depois de escândalos de contêineres cheios de lixo enviados anonimamente a países do Terceiro Mundo. A China, que por anos foi a maior recicladora de resíduos alheios do planeta, fechou as portas para esses materiais em 2018. No ano seguinte, a Convenção da Basileia passou a exigir consentimento prévio para a exportação de lixo plástico contaminado. Brasil, Vietnã, Tailândia, Filipinas e vários outros países embarcaram na onda supostamente dignificante e restringiram ou

> PAÍSES POBRES SÃO O LIXÃO DO MUNDO? NÃO: A MAIOR PARTE DO LIXO EXPORTADO VAI PARAR EM PAÍSES RICOS.

proibiram de vez a importação de resíduos sólidos. Afinal, diziam, ninguém quer ser a lata de lixo do mundo.

Mas veja bem. Se o lixo importado foi mal gerido num país pobre, o problema são as instituições desse país – e não algo fundamental do comércio de lixo. É sinal de que o país não tem boas regras, não conseguiu fiscalizá-las ou tratar o que chegou. Culpar o comércio internacional por isso é como proibir aviões porque alguns aeroportos pelo mundo são mal administrados.

Além disso, é um equívoco achar que o fluxo de lixo ocorre dos países ricos para os pobres. Mais de 60% de todo o lixo que cruza fronteiras internacionais vai parar em países de renda alta (*veja o gráfico a seguir*). A Alemanha, por exemplo, é a maior exportadora mundial de resíduos. Esse lixo vai para a África? Para a Índia? Não, para a Holanda, Áustria, Polônia e Suíça. É um caso de ricos comprando lixo de ricos, para ser transformado em novos produtos, energia e lucros.[125]

## QUAIS PAÍSES MAIS IMPORTARAM LIXO PLÁSTICO ENTRE 2007 E 2021

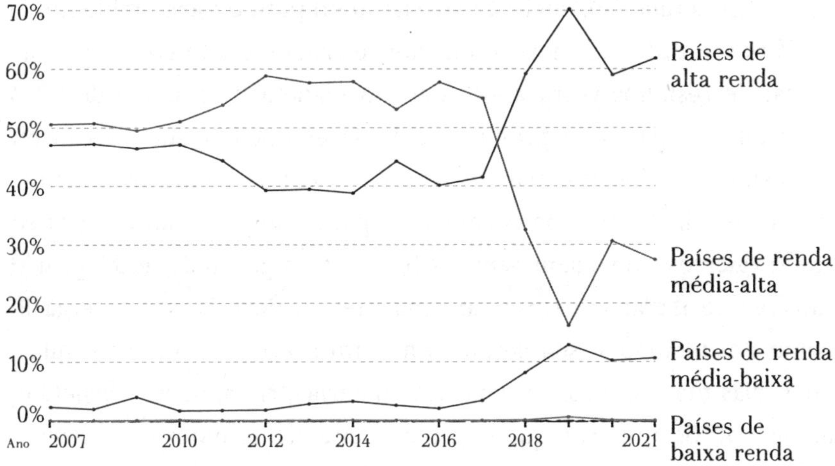


Fonte: Banco de Dados das Nações Unidas (2023)

A Suécia é outro exemplo iluminado. O país queima lixo para gerar eletricidade e aquecer residências no inverno. Que lixo? O dela, claro, mas também o dos outros. Cerca de 15% do lixo que a Suécia transforma em energia vem de fora, inclusive de países que, veja só, são contra o comércio internacional de resíduos. É combustível em forma de casca de banana – e ainda poupa petróleo e carvão. Não faz sentido recusar esse tipo de importação em prol de uma suposta soberania nacional.[126]

Como em qualquer outro mercado global, o comércio de resíduos segue a lógica da vantagem comparativa. Países vendem o que têm de sobra e compram o que lhes falta. Uns têm mais espaço, outros têm tecnologia para reciclar ou incinerar, outros, acesso a capital barato para construir fornos industriais famintos por combustível. Um país com vastos desertos pode achar vantajoso operar aterros sanitários modernos, cobrando para receber resíduos de países minúsculos e populosos. Um lugar sem siderurgia faz muito bem em exportar toda sua sucata, e outro pode se especializar na indústria de reciclagem de papel. Isso é racional, eficiente – e sim, bom para o meio ambiente.

Vários estudos já mostraram que restringir o comércio internacional de resíduos piora a situação do planeta. Um artigo de 2023 analisou o impacto da proibição chinesa e concluiu que ela causou mais emissões globais e maiores riscos ambientais, ao forçar o reaproveitamento ineficiente de resíduos em países despreparados.[127] Outro estudo alertou que o banimento reduziu a taxa global de reciclagem.[128] Em vez de tratar o lixo como uma ofensa, deveríamos enxergá-lo como um recurso, e sua gestão como um serviço como outro qualquer. Nas mãos certas, vira energia, matéria-prima, lucro e benefício ambiental. Se um país quiser ser a lixeira do mundo, tudo bem – desde que haja compensações e algum bom senso. Com boas regras e contratos, até saco de lixo cheira a dinheiro.

# "Wishcycling": a síndrome da reciclagem ilusória

Eu sei: dá uma sensação boa jogar aquela embalagem de jujuba na lixeira de recicláveis. Você olha para ela – seca, aparentemente limpa – e pensa: *Vai dar tudo certo.* Coloca junto um potinho de iogurte com restinho de fruta, uma colher descartável e uma caixa de pizza engordurada. Pronto. Você fez sua parte, o planeta está salvo e você pode ser oficialmente considerado uma boa pessoa. Afinal, aquilo vai ser reciclado.

Nem sempre. Na verdade, cerca de 40% do lixo "reciclável" que vai parar nos centros de triagem acaba no aterro sanitário comum – com a diferença de dar mais volta e exigir mais trabalho até chegar ao aterro. Essa síndrome da reciclagem ilusória tem nome em inglês: *wishcycling*. É quando a gente joga algo na reciclagem só porque *gostaria* que fosse reciclável – mesmo sem saber se de fato é. Parece inofensivo, mas o *wishcycling* atrapalha. Embalagens sujas contaminam materiais que seriam aproveitados. Plásticos não recicláveis se misturam aos recicláveis e comprometem lotes inteiros. E cada item que entra errado na esteira exige mais tempo, triagem, mão de obra e dinheiro para ser separado.

# 9. Choque de realidade

## SOBRA ENERGIA NO DISCURSO, FALTA NA TOMADA

O acidente numa usina de energia dispara um alerta em todo o país comunista. Autoridades mantêm o acidente em segredo enquanto ordenam a evacuação de trinta cidades, afetando mais de 10 milhões de pessoas. Numa área de mais de 12 mil quilômetros quadrados, o número de mortos ultrapassa 170 mil. O desastre marca gerações e vira símbolo do perigo da tecnologia fora de controle.

Chernobyl? Não. Estou falando de Banqiao, na China. O maior desastre já causado por uma usina elétrica não foi nuclear – foi hidrelétrico.

Em 1975, após dias de tempestades provocadas pelo tufão Nina, a barragem de Banqiao, no rio Hu, não resistiu. Liberou tanta água que desencadeou o colapso de outras sessenta barragens rio abaixo. A enxurrada devastou vilarejos inteiros e destruiu mais de 5 milhões de casas. Foi um dos maiores desastres já registrados – mas pouca gente sabe dele.

Assim como Chernobyl, em 1986, a tragédia de Banqiao foi abafada pelo regime. Mas enquanto a radiação da usina soviética atravessou fronteiras e foi detectada por laboratórios na Suécia, denunciando o acidente ao mundo, a inundação chinesa não deixou rastros no ar. Sem partículas radioativas para acusar o desastre, a ditadura de Mao Zedong pôde silenciar e controlar informação. Durante décadas, fora da China, o episódio era quase desconhecido – e dentro dela, só sussurrado. Só em 2005 autoridades decidiram liberar documentos confidenciais sobre o acidente.

**MAIS PESSOAS MORRERAM NA CONSTRUÇÃO DA USINA DE ITAIPU QUE NO ACIDENTE DE CHERNOBYL.**

A tragédia chinesa representa 97% das 176 mil mortes causadas por usinas hidrelétricas entre 1965 e 2021. Se a tirarmos da conta, esse tipo de energia renovável ainda acumula cerca de 5 mil vítimas. Isso porque a construção de barragens de hidrelétricas é uma atividade perigosa – e era ainda mais no passado, quando pouca gente ligava para a segurança no trabalho. Só a construção da Usina de Itaipu, entre 1978 e 1984, provocou 45 mil acidentes de trabalho, entre eles 106 mortes confirmadas.[129]

Já a tão temida energia nuclear causou cerca de 4 mil mortos – incluindo aí até mesmo as pessoas que morreram pisoteadas e de traumas psicológicos durante a evacuação em acidentes como o de

Fukushima, no Japão. Na tragédia de Chernobyl, na Ucrânia, foram 30 mortes nas primeiras semanas. Daí você pergunta: mas e os efeitos indiretos e de longo prazo da radiação? Nesse caso, os números variam imensamente, de acordo com as estimativas. Em 2018, o Comitê Científico das Nações Unidas sobre os Efeitos da Radiação Atômica resolveu analisar o caso a fundo. Concluiu que a radiação da tragédia soviética provocou 4.800 casos de câncer de tiroide, que resultaram em quinze mortes ao longo dos anos seguintes.[130] (Eu sei, é difícil de acreditar, mas mais pessoas morreram em Itaipu do que em Chernobyl.)

Na conta de mortes por energia gerada, as hidrelétricas causam 1,3 morte por terawatt-hora. As nucleares, muito menos: 0,03.[131] Nada contra hidrelétricas bem construídas – mas o fato de serem 43 vezes mais letais que as nucleares mostra como a energia extraída dos átomos é imensamente segura. E ainda não emite carbono, não ocupa imensas áreas e não depende do clima para funcionar. O que freia a energia nuclear não é um problema real de segurança – é a paranoia em relação à segurança.

## Precisamos de usinas nucleares ~~mais~~ menos seguras

Como aconteceu com os transgênicos recentemente, o debate sobre a energia nuclear começa a ser superado: cada vez mais políticos, ambientalistas e fundos verdes reconhecem que ela é uma solução óbvia para gerar eletricidade de forma estável e livre de emissões de carbono. Até mesmo na Alemanha – que cometeu a imprudência de fechar suas usinas nucleares em plena crise energética após a guerra da Ucrânia – 55% dos eleitores já defendem reverter a decisão.[132]

Ainda assim, a expansão nuclear patina nas democracias ocidentais. O principal motivo é o emaranhado de regulações e exigências de licenciamento, que transformaram a construção de uma usina em um processo lento e proibitivamente caro. Por isso cresce entre especialistas a defesa de um novo ponto na pauta: para o bem do meio ambiente, é hora de abrir o mercado, agilizar a aprovação e baixar as exigências para a construção de usinas nucleares. Elas precisam, é claro, ser suficientemente seguras, mas não seguras a ponto de se tornarem inviáveis.

Antes de tudo, é preciso deixar que a inovação e a criatividade da livre iniciativa possam atuar nesse setor. A TerraPower, empresa de energia nuclear de Bill Gates, seria proibida em diversos países, como o Brasil. A Constituição de 1988, criada logo após o acidente de Chernobyl, estabelece que a energia nuclear é um monopólio público – o que se estende até mesmo para a mineração de urânio. E, como dizia Milton Friedman, "se colocarem o governo para administrar o deserto do Saara, em cinco anos faltará areia".

Apesar de ter uma das maiores reservas de urânio do mundo, o Brasil responde menos de 0,1% da produção mundial. O país tem apenas dois reatores nucleares (é interessante rodar pelas praias de Angra dos Reis e de repente deparar com as usinas instaladas entre árvores num canto da costa). Já o terceiro reator está em construção desde os anos 1980 e ninguém sabe quando ficará pronto.

Depois, vale a pena modernizar a regulação. Nos Estados Unidos e em outros países, vigorou por muito tempo o princípio ALARA (*As Low As Reasonably Achievable*, "tão baixo quanto razoavelmente alcançável"). Ele determina que a exposição à radiação seja mantida o mais baixo possível, ainda que as reduções adicionais tragam benefícios desprezíveis para a saúde pública. Isso deu aos órgãos reguladores um poder quase ilimitado para impor novas camadas de exigências, encarecendo os projetos. Casos extremos incluem modificações no projeto para chegar a uma diminuição de radiação equivalente a comer uma banana.[133]

Não dá para culpar apenas os ambientalistas mais dogmáticos por esse excesso de precaução. Nos anos 1950, a falta de transparência da então Comissão de Energia Atômica (AEC), dos Estados Unidos, ajudou a radicalizar a opinião pública e a criar a impressão de que verdades perigosas estavam sendo escondidas. O otimismo inicial com a energia nuclear começou a ruir quando vieram à tona casos de chuva radioativa causada por testes de armas atômicas no deserto de Nevada e nas ilhas do Pacífico. O episódio mais grave foi o teste Castle Bravo, no Atol de Bikini, em 1954: uma explosão mil vezes mais potente que a de Hiroshima espalhou radioatividade muito além do previsto, atingindo comunidades das Ilhas Marshall e até a tripulação de um barco pesqueiro japonês. Houve casos de queimaduras, queda de cabelo e até contaminação de alimentos vendidos antes que o risco fosse identificado.

A AEC, em vez de admitir falhas e explicar riscos, optou por minimizar a lambança e fazer declarações enganosas. "A cada novo episódio, o instinto da Comissão de Energia Atômica era minimizar esses incidentes e evitar discutir os efeitos da radioatividade", conta o pesquisador Alex Chalmers.[134] Nos anos 1970, cristalizou-se no imaginário popular a figura da instituição misteriosa que realiza experimentos nucleares secretos e perigosos – como o Laboratório Nacional de Hawkins da série *Stranger Things.*

Nesse clima, ser contra a energia nuclear deixou de ser apenas uma posição técnica: virou um ato de cidadania. Os cientistas acabaram considerando que qualquer dose de radiação, por menor que fosse, aumentaria o risco de câncer – e que esse risco seria cumulativo, sem margem para recuperação.

Hoje se sabe que essa visão é um equívoco. A radiologia moderna mostrou que, embora doses altas de radiação sejam mortais, o corpo humano é capaz de lidar com doses baixas recebidas ao longo do tempo, usando esse intervalo para reparar os danos ao DNA – algo impossível quando a dose vem de uma só vez. Afinal, radiação está por toda parte: vem do Sol, dos raios cósmicos e de minerais presentes no solo, como radônio, tório e urânio. Em Kerala, no sul da Índia, por exemplo, depósitos ricos em tório elevam a radiação natural mais de dez vezes a média mundial, sem que isso resulte em taxas mais altas de câncer. Além disso, estudos com mais de 300 mil trabalhadores de estaleiros que recebiam navios nucleares não encontraram taxas mais altas de tumores.

Com essa nova base científica, a regulação nuclear começa a se modernizar. Em 2025, na série de decretos que marcou o início de seu mandato, o presidente Trump determinou que a Comissão Reguladora Nuclear revisse a precaução extrema e facilitasse, de forma segura, a expansão da energia nuclear. Ambientalistas não costumam simpatizar com Trump – e ele também não deve ter o meio ambiente entre suas prioridades. Ainda assim, essa decisão, se realmente aplicada, pode resultar num enorme benefício ambiental.

## O mito da energia renovável barata

Falando de energia, precisamos tratar da dupla solar e eólica – as queridinhas dos ambientalistas. Ao contrário de outros hereges ambientais, eu simpatizo com a energia solar. Os painéis fotovoltaicos estão cada vez mais eficientes, fáceis de instalar, baratos – e tão leves que já integram telhas de galpões e coberturas de garagens. São uma solução excelente para casas distantes e fazendas sem conexão com a rede elétrica, e uma fonte de renda para locais desertos onde não há nada além de pobreza e um sol impiedoso o ano inteiro. Ainda melhor, a energia solar é descentralizada: dispensa projetos estatais bilionários para a construção de grandes usinas, que toda hora resultam em escândalos de corrupção.

Mas daí a achar que podemos basear todo o sistema elétrico de um país em energia solar e eólica há uma longa distância. Essas fontes complicam a remuneração e o funcionamento dos sistemas de energia – e são bem mais caras do que se imagina.

Sim, muito mais caras. Talvez o leitor estranhe essa afirmação – afinal, não faltam manchetes garantindo que solar e eólica são as fontes mais baratas de todas. Em parte, é verdade: o custo para captar a energia do Sol ou do vento despencou mais de 90% nas últimas décadas, um feito tecnológico que merece brindes e aplausos. Quando se olha apenas para o custo de instalação e geração, solar e eólica lideram com folga. Isso porque, embora tenham custo inicial concentrado, depois de prontas elas produzem energia quase de graça. Bem diferente de uma termelétrica a gás, que precisa queimar mais gás à medida que gera mais energia.

Mas aí surgem perguntas. Por que a energia eólica tropeça tanto para andar sozinha? Se é realmente tão barata, por que não sobrevive sem o apoio dos governos? No Reino Unido, na Dinamarca e na Alemanha, leilões recentes fracassaram quando o governo estabeleceu um preço baixo da energia ou retirou subsídios. Nenhuma empresa se interessou. Nos Estados

Unidos e no Brasil, empresas do setor de energia eólica cancelaram projetos e estão à beira da falência.[135]

Outra questão perturbadora é a seguinte: se a solar e a eólica são tão baratas, por que os países que mais apostaram nelas estão entre os que têm a conta de luz mais cara do mundo?

Veja o caso da Alemanha. Desde 2000, o país despejou mais de 500 bilhões de euros na tentativa de transformar sua matriz energética *(veja quadro ao lado)*. A participação das renováveis saltou de menos de 1% para mais de 24% da energia primária em 2024. Mas em vez de cair, a conta de luz se tornou mais volátil e aumentou bem acima da inflação. Enquanto a média global gira em torno de 150 euros por MWh, na Alemanha chega a 400 euros. Mesmo passados os efeitos do início da guerra da Ucrânia, quando a escassez de gás russo levou o preço a recordes, os alemães ainda têm uma das cinco eletricidades mais caras do planeta.[136]

Tudo começa a fazer sentido quando olhamos a conta inteira. O custo de gerar eletricidade com uma turbina eólica ou um painel solar é só uma parte da equação. O que realmente importa é o custo do sistema inteiro – incluindo as linhas de transmissão, as baterias de reserva e o controle da estabilidade da rede. No caso da energia solar e eólica, há ainda um ingrediente extra na fatura: a necessidade de construir usinas de apoio. Como o vento não sopra o tempo todo e o sol insiste em se pôr, é preciso garantir uma fonte confiável para a noite ou os momentos de calmaria. Quase sempre, isso significa manter toda uma usina térmica (a gás, carvão ou urânio) de prontidão – ou investir em baterias gigantes, que ainda custam caro demais.

Ou seja: se antes bastava construir uma usina térmica, agora é preciso construir duas – a renovável e a térmica como backup. O custo do sistema dobra, mesmo que o vento e o sol sejam de graça.

## Meio trilhão de euros mal gastos

Contando investimentos diretos e subsídios, a Alemanha gastou mais de 500 bilhões de euros em 20 anos na *Energiewende*, a sua "transição energética".[137] Toda essa fortuna foi suficiente para fazer as energias eólica, solar e outras renováveis chegarem, juntas, a 24% da energia primária em 2024.[138] Certamente um avanço, mas a um custo tão elevado que vale a pena perguntar: e se esse dinheiro tivesse sido investido em energia nuclear?

Segundo cálculos da organização Environmental Progress, o mesmo investimento teria permitido construir reatores nucleares suficientes para gerar toda a eletricidade do país com zero emissões – e ainda exportar energia limpa para os vizinhos. Seria possível construir 46 reatores nucleares de 1,6 gigawatts de potência cada um. Em vez de 24% limpos, a Alemanha poderia ter 100% da sua matriz elétrica praticamente livre de carbono, e com uma geração estável e confiável, funcionando dia e noite, faça sol ou tempestade.[139]

Outro estudo, de 2024, concluiu que o país teria economizado nada menos que 332 bilhões de euros se, em vez de ter fechado as usinas nucleares, as mantivesse abertas e construísse novas. E ainda teria atingido seus objetivos climáticos com muito mais intensidade.[140]

Tem ainda o custo de transmissão. As melhores áreas para captar a energia do vento costumam estar longe das cidades e das fábricas. Construir linhas de transmissão entre o local de geração e o de consumo custa mais alguns bilhões. À medida que os locais mais próximos com melhores ventos são ocupados, é preciso explorar regiões distantes e menos rentáveis. Em muitos países, as linhas de transmissão não dão conta – o resultado é que parte da energia captada por turbinas eólicas e painéis solares acaba simplesmente desperdiçada, por falta de infraestrutura para levá-la até o consumidor.

Outra pegadinha que faz a energia solar e eólica parecer barata é a confusão entre potência (medida em watt) e a quantidade de energia que de fato é gerada (medida em watt-hora). Potência é só o tamanho da torneira; geração é quanta água realmente sai dela. No caso dessas fontes, o fluxo é bem mais fraco do que parece no papel. Mesmo nos melhores locais, a geração anual de um parque eólico ou solar raramente passa de 40% da capacidade. Assim, um complexo eólico pode gerar menos energia no decorrer do ano que uma usina térmica com a metade da potência. Além disso, a vida útil das instalações é mais curta: turbinas eólicas e painéis solares muitas vezes são aposentados após 20 anos, enquanto usinas térmicas duram pelo menos três vezes mais.

Levando todos esses custos em consideração, os preços disparam. Um estudo de 2022 do Bank of America concluiu que, quando se considera o custo total do sistema, solar e eólica passam a ser as fontes mais caras de todas. No Texas, o preço da energia eólica se multiplicaria por 7, e por 12 na Alemanha. Já a solar acaba ficando 11 vezes mais cara no Texas e impressionantes 43 vezes mais nas condições do sistema alemão. [141]

Todos esses custos – construção, manutenção, expansão de rede, usinas de apoio e anúncios para as pessoas economizarem energia – são repassados ao consumidor. Quando você liga o ar-condicionado em casa, não paga só pela energia que ele consome, mas também por um pedaço da usina construída décadas atrás, pelas redes de transmissão que cruzam o país, pela distribuição até sua casa e pela manutenção de toda essa infraestrutura. Mas se você instala um painel solar no telhado, compra menos energia da rede – e deixa de pagar uma parte da estrutura elétrica. Os custos fixos acabam sendo divididos por menos porções de energia, pesando mais na conta de quem não têm painel solar no telhado. Por isso, a expansão da geração distribuída precisa vir acompanhada de novos modelos de cobrança, que incentivem a energia solar sem arruinar o sistema.

Sol e vento são de graça, mas não aparecem sempre que a gente precisa. E no sistema elétrico, a energia mais cara é aquela que falta. Justamente por não estarem sempre disponíveis, solar e eólica exigem um sistema inteiro de apoio: usinas de reserva, baterias e redes reforçadas. E esse seguro, como qualquer seguro, tem seu preço.

## Etanol e outros biocombustíveis são sustentáveis. Mesmo?

Uma das consequências mais curiosas da obsessão por energias renováveis foi tornar aceitável abastecer o tanque do carro com comida. Começou a parecer sensato transformar áreas de florestas ou de cultivo de alimentos em áreas de produção de grãos para biocombustíveis, como o etanol.

Nos Estados Unidos, na Índia e no Brasil há um lobby pesadíssimo de agricultores e destilarias que produzem etanol a partir do milho ou da cana-de-açúcar. O motor flex, que funciona tanto a álcool quanto a gasolina, é um orgulho nacional no Brasil: criticá-lo pode ferir sensibilidades assim como dizer a um brasileiro que os inventores do avião foram os irmãos Wright, e não Santos-Dumont. De fato, a inovação brasileira na genética e no aproveitamento industrial da cana, e mais recentemente no milho, chega a causar inveja nos americanos - algo que os brasileiros jamais esperariam.

O principal trunfo do etanol são as menores emissões de carbono se comparado à gasolina. Como as lavouras de cana-de-açúcar e milho sequestram o carbono que depois será liberado durante a queima nos motores, abastecer o carro com etanol resultaria numa redução de 40% a 50% nas emissões dos veículos, segundo a maioria dos estudos. É assim que Estados Unidos, Brasil e Índia justificam os subsídios e a adição obrigatória de etanol na gasolina. Nos EUA, o percentual mínimo na mistura é de 10%; na Índia, 15%; no Brasil, chega a 30%.

Mas se por um lado o etanol emite menos carbono, por outro o cultivo de milho e cana-de-açúcar pode ter impactos ambientais maiores. Para encher um tanque de 50 litros com etanol de milho, você precisa ocupar cerca de 200 metros quadrados de lavoura durante quatro meses.[142] Se for etanol de cana, a eficiência é bem maior - o mesmo tanque exige só 70 metros quadrados, mas durante pelo menos um ano. Isso contando a produtividade média por hectare, deixando de fora as áreas da fazenda que servem de apoio à lavoura, os armazéns e destilarias.

O Brasil ocupa cerca de 10 milhões de hectares de milho e cana para a produção de cana para etanol (uma área equivalente à de Portugal). Já os Estados Unidos, 25 milhões de hectares - uma área equivalente à do Reino Unido inteiro. É espaço que poderia estar coberto por pasto, floresta ou outros cultivos de alimentos. Além disso, toda lavoura exige fertilizantes (produzidos com gás natural), tratores e colheitadeiras (feitos de aço e movidos a diesel), irrigação, pesticidas, armazéns, destilarias - um mundo inteiro de emissões indiretas.

As grandes destilarias brasileiras de etanol fazem um excelente acompanhamento de seus fornecedores e garantem adquirir pelo menos 90% de matéria-prima proveniente de áreas sem desmatamento ilegal. Também têm projetos para capturar o $CO_2$ proveniente da fermentação e injetá-lo no subsolo. Mas não contabilizam o efeito indireto de empurrar outras lavouras e a criação de gado para fronteiras agrícolas.

Um estudo do economista Marcelo Sant'Anna, da Fundação Getúlio Vargas, concluiu que 92% do aumento da produção do etanol de cana brasileiro vêm da expansão da área plantada, e apenas 8% do aumento de produtividade de áreas já utilizadas. A maior parte dessa expansão seria indireta – a cana passa a ocupar o espaço de pastos ou lavouras de soja e milho, que por sua vez são empurradas para novas fazendas abertas com desmatamento. Se contarmos as emissões de carbono causadas por esse desmatamento, as vantagens ambientais do etanol desabam. Só depois de 25 anos de produção, as menores emissões do etanol sobre a gasolina passam a compensar o desmatamento que ele causou.[143]

No Brasil, a produção do etanol de milho vem dando saltos ano a ano: aumentou quase 1500% apenas entre 2017 e 2025, passando de 520 milhões para 8,2 bilhões de litros. Isso não foi resultado apenas do marketing verde, mas de um interessante efeito dos preços.

No começo dos anos 2010, as safras de milho para ração animal foram tão grandes em regiões do Cerrado, como o Mato Grosso, que não havia caminhões ou trens suficientes para escoá-las. A saca de milho no campo custava um terço do preço nos grandes portos brasileiros. Destilarias de etanol de milho passaram a se instalar diretamente nas principais regiões produtoras, aproveitando o milho barato que não conseguia sair do campo – uma oportunidade criada pela abundância e pela falta de logística brasileira. Foi assim que de repente surgiram destilarias gigantescas – como a Inpasa, de Sinop (MT), a maior destilaria de etanol de milho do mundo.

Alguns detalhes favorecem o etanol de milho brasileiro. Mais de 80% desse grão vem da chamada "safrinha", plantado depois da colheita da soja em terras do Cerrado que ainda recebem chuvas.

Então a produção de milho não ocupa o hectare o ano inteiro, mas cerca de quatro meses. Além disso, um subproduto da produção de etanol de milho (o DDG, sigla em inglês de "grãos secos de destilaria") é uma ótima ração para gado, o que permite o semiconfinamento e reduz a pressão sobre as pastagens. Ou seja: se antes o milho virava ração animal, hoje ele vira etanol – e ração animal.

Como acontece com a matéria-prima do plástico no refino da gasolina, conforme a produção de etanol aumenta, sobra tanto DDG que o preço dele cai sem parar – o que pode baratear a produção de carne de forma intensiva. Já no caso da cana, o bagaço rejeitado na produção de etanol serve para gerar energia elétrica – produzindo cerca de 20 mil GWh, quase 4% de toda a energia elétrica do Brasil.

Apesar desses nuances favoráveis ao etanol, não dá para negar que ele tem um impacto na produção de alimentos. Na Índia, o boom do etanol transformou o país em importador de milho – elevando o preço do grão em 25% nos países vizinhos, como Mianmar. "Agora, as indústrias de aves e de amido estão disputando com as destilarias sua parte dos suprimentos – e essa briga está mantendo os preços altos", disse um especialista agrícola para a Reuters em 2024.[144] A Agência de Proteção Ambiental dos Estados Unidos estima que cada aumento de 1 bilhão de galões (3,8 bilhões de litros) na produção de etanol eleva o preço do milho em 3% a 5%.[145] Por fim, no Brasil, desde 2017, quando a primeira usina de etanol de milho se instalou no país, a área plantada desse grão aumentou quase 30%, enquanto a produção aumentou 50%.[146] Apesar desse aumento imenso de oferta, o preço da saca do milho subiu 36% acima da inflação – talvez porque a demanda por milho para etanol também aumentou.[147]

Há ainda o efeito sobre a criação de gado. Um agricultor sofre um dilema constante de como aproveitar sua terra de maneira mais lucrativa. Entre fazendeiros do Cerrado brasileiro, o dilema mais comum é o que fazer depois da safra de soja: cultivar milho ou capim para engordar o gado? O Instituto Mato-grossense de Economia Agropecuária (Imae) mantém até um índice, o "Relação de Troca Boi/Milho" para ajudar os fazendeiros na decisão. Nos últimos anos, a relação foi favorável ao milho – e muita gente abandonou a criação de gado. Como me disse um agricultor de Sorriso, a principal cidade agrícola brasileira, "sem dúvida o milho está empurrando o gado para cima". Para cima, no caso, significa "para a Amazônia".

Isso leva a uma conclusão aterradora: ao tomarmos uma decisão supostamente sustentável de encher o tanque do carro com etanol, a fim de emitir menos carbono, estamos puxando para cima o preço dos alimentos e ajudando a empurrar a pecuária para cima da Floresta Amazônica. Será que vale a pena?

Se o seu maior critério ambiental é reduzir emissões de carbono, o etanol tem boas credenciais. Apesar de, dependendo do estudo, os números de redução de emissões variarem de 0% a 70%, é bem provável que o etanol emita menos carbono se comparado à gasolina. Mas se o que mais te preocupa são as florestas, a acidificação do solo, a perda de biodiversidade, o uso de água, os impactos locais na fauna, talvez a boa e velha gasolina leve a medalha entre essas duas opções. O combustível fóssil tem uma enorme pegada de carbono, mas uma pegada territorial quase nula.

Quando o tema é energia, a prudência é a virtude fundamental. Os anos 2020 mostraram que o público até simpatiza com a energia verde, mas não aceita pagar uma fortuna na conta nem viver sob risco de apagões. Por isso, vale mais a pena ouvir as análises entediantes de engenheiros do que se deixar levar por lobbies empresariais ou profetas climáticos. Seguir os discursos de Greta Thunberg pode soar iluminado, mas é um atalho para arruinar a popularidade das políticas ambientais – e acabar no escuro por falta de energia.

# 10. Justiça climática

## COMO OS PAÍSES RICOS EVITARAM O APOCALIPSE

É o tema do momento. Greta Thunberg se apresenta nas redes como uma "ativista da justiça climática"; Al Gore, ex-vice-presidente dos Estados Unidos e estrela do documentário *Uma Verdade Inconveniente,* fundou uma organização que treina líderes em diversos países justamente para combater a "injustiça climática". Já a ONU não economiza nas palavras: afirma que alcançar a Agenda 2030 depende, antes de tudo, de fazer justiça – climática, é claro.[148]

Se é preciso fazer justiça, é porque houve um crime ou pelo menos uma atitude moralmente reprovável. Que atitude foi essa? Segundo a Coalizão da Justiça Climática, do Reino Unido, a injustiça nasceu porque "países ricos e industrializados que historicamente mais contribuíram para a crise climática se recusam a fazer sua parte. Em vez disso, continuam lucrando com indústrias que perpetuam a crise."[149] A sede de lucro das grandes corporações teria jogado todo o mundo numa situação de emergência.

**DEVERIAM OS PAÍSES RICOS RECEBER GRATIFICAÇÕES DOS PAÍSES POBRES POR TEREM EVITADO TANTOS MILHÕES DE MORTES CLIMÁTICAS?**

Mas a grande fonte de injustiça, segundo os justiceiros climáticos, é que, hoje, os países pobres, que menos contribuem com as emissões de carbono, são os mais vulneráveis a desastres naturais. Como diz o Fórum Econômico Mundial, "certos grupos sofrem mais com os impactos das mudanças climáticas, mesmo tendo contribuído menos para o problema".[150] Por isso a necessidade de indenizar os países pobres e ajudá-los a enfrentar os danos causados no meio ambiente. O grupo Jovens do Mundo pela Justiça Climática vai além: diz ser "um espaço decolonial e antiopressivo" que trabalha "contra injustiças históricas sistêmicas que contribuíram para as crises climáticas".[151] Afinal de contas, como dizem outros ativistas, "a justiça climática que defendemos é interseccional, feminista, antirracista e popular".[152]

Vale a pena esmiuçar esses desvarios e admitir algumas verdades (ou meias-verdades). Primeiro, é correto que as pessoas e os países mais pobres emitem menos carbono e sofrem mais com os imprevistos do clima. Mais que verdadeiro, isso é um tanto óbvio. Hoje e há muito tempo, boa parte do significado de ser rico é estar protegido ou imune ao clima. Morar em casas que não voam com o vento, em áreas da cidade que não alagam, com janelas de vidro duplo. Quando uma pessoa miserável começa a ganhar dinheiro, a primeira coisa que ela faz é se proteger do clima: alugar uma casa ou comprar um casaco ou um ventilador. As imagens de mansões de celebridades pegando fogo na Califórnia mostram uma das raras vezes em que ricos sofrem mais com infortúnios climáticos. Fora esses casos, como boa parte da riqueza serve para se proteger do tempo, é evidente que ricos serão menos atingidos.

Também é verdade que, com algumas exceções, países ricos poluem mais o ar que os pobres. Em média, um australiano ou um americano emite quase 7 vezes mais carbono por ano do que um indiano, por exemplo.[153] Só os Estados Unidos lançaram cerca de 400 bilhões de toneladas de $CO_2$ na atmosfera desde o século XIX. Por fim, também é verdade que grandes empresas lucraram fortunas com cimento, gasolina, aço, fertilizantes, plásticos, aviões e diversas outras atividades imensamente poluidoras. Até aí, os ativistas estão certos: foi um fogaréu movido a sede capitalista de lucro.

Só que essa é apenas a primeira metade da história.

A segunda metade é que todos nós – inclusive nós dos países pobres – ficamos muito menos vulneráveis ao clima justamente por causa dessas tecnologias bastante poluidoras criadas por grandes empresas, a maioria delas de países ricos.

Se hoje moramos em casas ou apartamentos que resistem a ventanias, temos que agradecer à existência do cimento Portland (inventado no século XIX por um inglês). Se atravessamos sertões ou desertos dentro de máquinas climatizadas e chegamos a tempo ao hospital, é graças aos europeus que criaram o motor a combustão e o carro, e graças ao inventor do ar-condicionado, o engenheiro americano Willis Carrier (esse deveria ser canonizado). Se temos acesso o ano inteiro a alimentos baratos que cresceram à base de fertilizantes e irrigação, isso se deve à existência de fertilizantes sintéticos, criados por um alemão dentro de um laboratório da BASF, a maior empresa química do mundo.

Por causa dos novos materiais e novas técnicas inventados e difundidos por gente que queria encher o bolso de dinheiro, as mortes causadas por eventos climáticos despencaram. E isso não aconteceu só em países ricos. Na década de 1930, enchentes na China chegaram a matar mais de 2 milhões de pessoas. Hoje, graças a barragens, sistemas de drenagem e monitoramento meteorológico, a número de vítimas caiu mais de 90%. Essa queda aconteceu não porque o clima melhorou, mas porque materiais e tecnologias ocidentais nos protegeram dele.

> **A AMBIÇÃO E O LUCRO DE GRANDES EMPRESAS POLUIDORAS SALVARAM MILHÕES DE PESSOAS DA MORTE POR IMPREVISTOS DO CLIMA.**

O cimento Portland é um exemplo claro desse paradoxo. Sua fabricação consiste em esquentar calcário em argila para mandar o carbono embora. A produção de um dos ingredientes do cimento, a cal virgem, consiste basicamente em esquentar calcário para liberar carbono em forma de $CO_2$. Entre 1900 e 1999, os Estados Unidos consumiram 4,4 bilhões de toneladas de cimento. Parece muito? Pois a China, em apenas dois anos (2020 e 2021), produziu 4,9 bilhões de toneladas – mais que os Estados Unidos em todo o século XX. O efeito de todo esse cimento na atmosfera é assustador – só sua produção causa 4,5% das emissões de carbono de todo o mundo.[154]

Mas não fabricamos cimento à toa. Sua principal utilidade é compor o concreto, que possibilitou a construção de diques, barragens de hidrelétricas e de reservatórios de irrigação, grandes canais, arranha-céus, pontes etc. Veja o milagre que essa tecnologia provocou num país como a Índia. No século XIX e início do século XX, a Índia sofria tragédias humanitárias de proporções bíblicas. Com as secas, vinha a morte em massa. Entre 1876 e 1878, uma estiagem provocada pelo El Niño matou entre 5 milhões e 8 milhões de pessoas. Em 1899, mais 3 milhões sucumbiram à fome. Em 1943, mesmo com colheitas razoáveis, a chamada fome de Bengala matou cerca de 2 milhões. Esses números fariam qualquer filme sobre o apocalipse parecer brincadeira de criança. Os camponeses indianos estiveram à mercê da chuva – ou da ausência dela – até que o cimento e o concreto os salvaram.

O concreto armado e a engenharia moderna permitiram a construção de represas monumentais como as dos rios Sutlej, Mahanadi e Krishna, e canais como o Indira Gandhi, que leva água até regiões áridas do noroeste. Juntas, essas obras criaram um colchão hídrico contra a seca. Ao mesmo tempo, a chamada Revolução Verde levou ao campo sementes de alto rendimento, fertilizantes químicos e técnicas modernas de irrigação. De milhões de mortos por década, a Índia passou a ter praticamente nenhuma crise de fome em tempos recentes. Um estudo publicado em 2018 mostrou que, apesar de secas severas continuarem ocorrendo, a taxa de mortalidade caiu 99% desde 1966. A calamidade foi vencida a golpes de cimento, aço, nitrogênio e emissão de muitas, mas muitas toneladas de carbono no ar.[155]

Para deixar claro: não estou dizendo que meter carbono na atmosfera é bom, e que as emissões humanas não mexem com o clima. Meu ponto é que tecnologias, apesar desse lado bastante negativo, têm um lado positivo frequentemente esquecido – aumentaram nossa resiliência, nossa maestria climática. E isso vem acontecendo tanto em países ricos quanto pobres.

Mas veja a ironia: as grandes empresas que forneceram essas tecnologias são hoje acusadas de crime climático. Essa, sim, é a verdadeira injustiça climática.

Os justiceiros verdes dizem que "por séculos, governos e corporações ricos têm explorado pessoas e o planeta para lucro, não importa o quanto isso prejudique o resto de nós".[156] Mas exatamente que opressão foi essa? Ter criado e lucrado com tecnologias e materiais que salvaram bilhões de pessoas da morte em secas ou inundações?

Um grande empresário não é um rei absolutista. Seu poder existe na medida em que fornece, por bom preço e qualidade, aquilo que as pessoas querem ou precisam. E o que os humanos mais precisaram no último século foi de materiais com os quais pudessem erguer proteções aos imprevistos do clima.

Seis dos 69 bilionários de meu país são da mesma família de produtores de cimento. O homem mais rico da África é também o dono da maior produtora africana de cimento, assim como o sexto mais rico da Suíça e alguns dos mais ricos da Índia. Essas pessoas enriqueceram "explorando o planeta por lucro"? Claro que sim: desde que nossa espécie existe, boa parte da atividade humana na Terra consiste em intervir na natureza para obter um ganho. Mas teria sido melhor se eles não tivessem feito isso? Teria sido melhor evitar que os indianos ou franceses não tivessem acesso a milhões de toneladas de cimento?

Pelo contrário, temos é que celebrar a popularização dessas inovações em todo o mundo. Esses empresários produziram cimento não porque tinham uma intenção maligna de prejudicar o planeta, mas porque procuraram ganhar dinheiro oferecendo algo que as pessoas desesperadamente precisavam. A ambição e a vontade de lucrar desses grandes emissores de carbono evitaram bilhões de mortes por fenômenos climáticos em todo o mundo.

Os ativistas dizem que os países ricos, que mais emitiram carbono na atmosfera, deveriam pagar reparações aos países pobres, mais vulneráveis à mudança climática. Mas como vimos acima, os países pobres se beneficiaram enormemente das inovações criadas, a maioria delas, em países ricos.

Isso me faz inverter a pergunta: deveriam os países ricos receber gratificações dos países pobres por terem evitado tantos milhões de mortes climáticas? Muitos dos inventores de soluções espetaculares, aliás, nem ficaram ricos. Suas criações foram rapidamente copiadas sem o pagamento de royalties, seus nomes, esquecidos, e alguns morreram na miséria. Joseph Monier, o francês que inventou o concreto armado, passou seus últimos dias vivendo da ajuda de amigos. Os países pobres não deveriam, então, reparar essa injustiça histórica e gratificar os benfeitores que os salvaram das secas, das enchentes, das pestes, da fome?

Claro que não. A pergunta acima é só um exercício de lógica. Não acredito em dívidas ou créditos históricos, e desconfio de que a proteção exagerada da propriedade intelectual pode atrapalhar a inovação. A ideia de gratificar inventores a cada vida salva é tão ridícula quanto a de cobrar reparações de empresas por terem emitido carbono na atmosfera. No fim das contas, os países ricos já foram amplamente recompensados: tornaram-se potências industriais, financeiras e tecnológicas graças às inovações que espalharam pelo mundo. O que eles poderiam receber agora é só uma coisa: menos reclamação. E o que deveriam fazer é parar de puxar a escada - deixar de impedir que os países pobres acessem a mesma energia barata e confiável que lhes permitiu enriquecer.

## Para onde vai o dinheiro da "justiça climática"?

Apesar do problema fundamental do conceito de "justiça climática", a ideia pegou. Virou bandeira de ONGs, pauta prioritária de conferências internacionais e justificativa para a criação de fundos bilionários destinados à transição energética e ao combate às mudanças climáticas. Mas para onde vai esse dinheiro todo?

Uma conclusão consistente da economia do desenvolvimento é que não basta encher países pobres de dinheiro. Sem boas instituições (transparência, facilidade para empreender, proteção de propriedade, Justiça imparcial e órgãos independentes de combate à corrupção), o dinheiro tende a evaporar em projetos superfaturados, subsídios ineficientes, obras abandonadas ou em projetos que não têm nada a ver com transição energética. E isso não é exclusividade do tal "Sul Global" – acontece mesmo nos Estados Unidos ou na Alemanha.

Veja o caso da *Inflation Reduction Act*, a lei aprovada nos Estados Unidos em 2022, durante o governo Biden. Ela foi o maior pacote de investimentos supostamente voltado ao clima e à energia limpa da história americana, com incentivos para transição energética, redução de emissões e programas de "justiça climática". Uma parte dos investimentos subsidiaram biocombustíveis que nem sempre são benéficos para o meio ambiente, como vimos no capítulo anterior. E uma regra do programa, chamada Justice40, determina que ao menos 40% dos benefícios de programas ambientais e climáticos sejam direcionados à "justiça ambiental", com investimentos em bairros de maioria negra ou latina, por exemplo. Isso acaba criando uma confusão de objetivos: em vez de instalar uma planta solar onde faz mais sol ou um carregador elétrico onde há mais carros, o critério ambiental perde força. "Esses requisitos estão atrapalhando tudo", afirmou um funcionário do Departamento de Transportes a um site de notícias de Washington. "Está tudo uma bagunça." Na prática, boa parte do dinheiro não acaba na ponta, melhorando a vida de negros ou latinos – mas na ONG que supostamente os representa.[157]

Descobriu-se em 2023 que milhões de dólares da *Inflation Reduction Act* estavam sendo direcionados a iniciativas sem nenhuma relação concreta com o meio ambiente. A EPA, agência ambiental dos EUA, concedeu US$ 50 milhões à *Climate Justice Alliance*, uma rede com cerca de 90 organizações afiliadas que, em novembro de 2022, ajudou a coordenar uma "Marcha para Washington", onde manifestantes exibiam faixas como "Palestina Livre é uma questão de justiça climática", "Nosso governo financia o genocídio palestino" e "Só uma revolução socialista pode impedir a Terceira Guerra Mundial".

Em seu site, o grupo afirmava que "tudo começou com o colonialismo de ocupação, o imperialismo e o extrativismo" e convocava o público "a exigir que cortemos o financiamento militar a Israel e iniciemos o processo de desmilitarização, para que todos possamos ser livres". Um dos membros da aliança, o grupo DemilitaRISE, declara que seu objetivo é "realocar recursos da polícia, das prisões, do Pentágono e da guerra, e investir em justiça restaurativa, reparações, liderança comunitária e cura coletiva lideradas por negros, latinos e indígenas".[158]

É pra bancar esses radicais que serve a tal justiça climática?

Mesmo quando o dinheiro vai para projetos ambientais, a chance de fiasco ou desperdício continua alta. Um estudo publicado na revista *Science* em 2024 analisou mais de 1,5 mil políticas climáticas de 41 países e chegou a uma conclusão assustadora: apenas 63 delas resultaram em reduções reais nas emissões de gases do efeito estufa.[159] Ou seja: mais de 95% das políticas – embora bem-intencionadas – simplesmente falharam.

Um exemplo é a aposta alemã em trens movidos a hidrogênio. Depois de um gasto de € 500 milhões, o programa se revelou um vexame. Em Frankfurt, o projeto Taunus previa substituir trens a diesel por 27 composições da Alstom. Só 6 trens foram entregues no lançamento – e com defeitos. Dois anos depois, menos da metade funciona regularmente; muitos seguem parados por problemas técnicos, falhas nas células de combustível e dificuldades no abastecimento. No lugar da prometida revolução sustentável, o sistema de transporte segue utilizando ônibus e trens a diesel. Autoridades regionais cogitam romper os contratos e abandonar os projetos de hidrogênio.

## Como ser um otimista ambiental

Um excelente antídoto para o alarmismo ambiental é o livro *Mais com Menos*, do economista Andrew McAfee, pesquisador do Massachusetts Institute of Technology (MIT). McAfee identifica quatro "cavaleiros do otimismo ambiental" – quatro forças que, quando atuam juntas, "podem melhorar tanto a condição humana quanto a da natureza". São elas:

Progresso tecnológico. Ele transforma um telefone, um mapa, uma câmera e um toca-discos – antes quatro objetos físicos – em um único smartphone. Quanto mais tecnologia, menos matéria-prima é necessária por produto ou serviço.

Capitalismo. Empresas competindo para lucrar mais com menos insumo inventam soluções mais eficientes, que reduzem desperdício e custos. É o motor básico da inovação, desde o microchip até a lâmpada LED.

Consciência pública. Aqui entra o trabalho dos bons ambientalistas: mostrar o dano que estamos causando à natureza e propor abordagens eficazes para reduzi-lo.

Governança adaptativa. Trata-se da capacidade de governos de responder rapidamente às necessidades da população e de se adaptar a novas informações e desejos da sociedade.

Quando esses quatro cavaleiros estão em ação, os países conseguem desvincular o crescimento econômico do impacto ambiental. A curva da economia sobe, enquanto a de uso de recursos e a do impacto sobre a natureza se estabilizam ou começam a cair. Nessas condições, não é preciso frear o crescimento – pelo contrário. Para preservar o meio ambiente, diz McAfee, "não precisamos puxar o volante da economia e da sociedade para outra direção; precisamos somente pisar no acelerador".

E o problema não ficou restrito ao Taunus: na Baixa Saxônia e na região de Berlim, trens da Alstom e Siemens também foram retirados de operação por falhas e escassez de hidrogênio. Em todas as regiões, os projetos resultaram em atrasos, substituições emergenciais e uma montoeira de reclamações dos passageiros. A tecnologia se revelou cara, instável e pouco madura.[160]

Mesmo ambientalistas mais sensatos admitem: saber onde investir em clima é um parto. Há muito hype, muito lobby e pouca clareza. Num artigo dirigido a interessados em financiar projetos ambientais, o ambientalista Ted Nordhaus, fundador do Instituto Breakthrough – um dos institutos mais confiáveis e realistas do debate climático –, desabafou: "Se sua medida de sucesso é chegar ao net-zero[161] em 2050 ou causar impacto estratégico em 2 ou 3 anos, é melhor tacar fogo no seu dinheiro e aquecer a casa com ele".

Para Nordhaus, "a filantropia climática apostou demais em um punhado de estratégias e tecnologias que não funcionam", como sistemas instáveis de energia renovável, regulações, tratados globais e protestos sonháticos que demandam fim imediato dos combustíveis fósseis. E assim esse tipo de investimento foi envenenado por "hópium" – ou seja, por doses tóxicas de esperança ingênua e promessas milagrosas. Ele ressalta que não existe "a grande ideia esquecida" que vai salvar o mundo. O que há são alguns caminhos plausíveis – como energia estável e limpa (nuclear), eletrificação e agricultura intensiva de alta produtividade – todos já em andamento, mas com desafios técnicos e políticos.

Mesmo assim, a maior parte do dinheiro vai para ideias mais chamativas do que eficazes, como a agricultura regenerativa e remoção de carbono natural. O conselho de Nordhaus para novos filantropos de projetos climáticos é quase um banho de água fria: no fim das contas, o que de fato vai impactar as emissões é a demografia, a economia e as novas tecnologias. "O impacto que a filantropia, a defesa de direitos e o ativismo podem ter nessas tendências será marginal. Portanto, aborde o problema e sua filantropia com alguma humildade."[162]

Se o objetivo dos justiceiros climáticos é punir os ricos, tirar dinheiro deles à força e distribuir em fundos com nomes bonitos e destinos nebulosos, talvez estejam no caminho certo. Agora, se o objetivo é ajudar o planeta, reduzir emissões e proteger os mais vulneráveis dos efeitos do clima, aí é difícil acreditar que entregar bilhões de dólares na mão de ONGs e burocratas vai resultar em algum sucesso.

## Quem são os verdadeiros "racistas ambientais"?

Outro termo em voga entre os acadêmicos da área de humanas, jornalistas e ONGs engajadas é "racismo ambiental". Trata-se da ideia de que mulheres, populações negras, de imigrantes e indígenas sofrem mais com desastres naturais, poluição industrial, escassez de água e outras mazelas ambientais. Não porque o clima é racista, é claro, mas porque os políticos ou proíbem alguns grupos de morar nas melhores áreas ou investem mais em proteção e saneamento básico de áreas mais ricas.

Sim, os negros, em muitos países, estão mais vulneráveis às consequências das mudanças climáticas e dos desastres ambientais. Só que isso acontece, infelizmente, porque em geral são mais pobres – e ser pobre resulta em morar em áreas sem infraestrutura, com esgoto a céu aberto, sujeitas a enchentes ou deslizamentos. Como vimos acima, ser rico ainda significa morar em regiões com infraestrutura segura, boa drenagem, bons parques, serviços públicos e menos risco ambiental. A variável principal aqui, portanto, não é a cor da pele. É a renda. Os bairros de elite são mais protegidos não porque são habitados por brancos, mas por ricos.

Suponha, por exemplo, que o prefeito de uma cidade com alta desigualdade racial (onde brancos são ricos, e negros, pobres) decida lutar contra o racismo ambiental. Ele escolhe um bairro negro para receber investimentos de revitalização e infraestrutura. As melhoras dão certo: agora a região tem parques e boas calçadas em vez de enchentes e esgoto a céu aberto. Com as mudanças, o bairro fica mais atraente a moradores. Mais gente se interessa por morar ali, e os preços dos imóveis sobem. Alguns proprietários com renda baixa vão perceber que seu imóvel vale algumas centenas de vezes o seu salário – e vão refletir se não valeria ficar com esse dinheiro e se mudar para uma região mais barata.

As melhorias vão atrair gente mais rica, enquanto os mais pobres vão deixar de ir morar lá ou vender seu imóvel. Tendo em vista que estamos num país racialmente desigual em que negros são mais pobres que brancos, o resultado da "política contra o racismo ambiental" será, em pouco tempo, deixar o bairro mais branco. Ou seja: a raiz do problema aqui é a desigualdade racial, e não um suposto racismo ambiental.

É verdade que, na história, houve políticas habitacionais puramente discriminatórias. Nos Estados Unidos, há denúncias de que entre 1940 e 1960 negros não conseguiam financiamento para comprar casas em bairros melhores, então reservados a brancos. Aos negros sobravam apenas regiões mais poluídas próximas a lixões, rodovias e indústrias. Se isso é verdade, não se trata de racismo ambiental – é racismo da pior espécie.

Um efeito similar ainda ocorre hoje – mas não por ação de racistas, e sim de ambientalistas. Aqui entra a principal contradição desse tema: as pessoas que mais denunciam "o racismo ambiental" costumam ser as mesmas que defendem políticas ambientais que mais prejudicam os pobres.

Negros de cidades litorâneas do Brasil gostariam de morar em terrenos seguros perto da praia. Mas os ambientalistas não deixam: defendem leis de zoneamento restritivas. Em algumas cidades, como São Sebastião, no litoral norte de São Paulo, os ambientalistas resistem até mesmo a prédios com mais de 2 andares. Os pobres, entre eles boa parte de negros, acabam indo morar em invasões nas encostas dos morros da Serra do Mar – palco de trágicos deslizamentos em quase toda época de chuvas.

Nas grandes cidades, negros e migrantes gostariam de morar em loteamentos regulares perto dos melhores bairros, para passar menos tempo no ônibus. Mas o ambientalista típico é contra adensar as cidades. Em 2020, quando Nova York tentou facilitar a construção de prédios e o rezoneamento de algumas áreas, como o SoHo, movimentos como o Sunrise, que tem o slogan "nós somos a revolução do clima" foram contra. Disseram que era preciso resistir contra o que chamaram de ataque da especulação imobiliária. Em 2018, a cidade de Minneapolis apresentou um projeto para tornar a cidade mais densa e permitir a transformação de grandes casas em dois ou três apartamentos. Ambientalistas de um grupo de proteção a pássaros conseguiram bloquear a decisão na Justiça.[163] É assim em boa parte dos Estados Unidos e do mundo. Por oferta e procura, se menos residências são construídas, os preços só sobem. Por isso, no fim das contas, quem mais empurra os negros para as áreas de risco não são os racistas – são ambientalistas.

Outra forma de injustiça climática praticada pelos próprios justiceiros do clima é dificultar o financiamento de projetos com impacto ambiental em países pobres – como estradas, usinas termelétricas ou fábricas, travando o crescimento econômico justamente onde ele mais salva vidas. Por pressão de ambientalistas, o Banco Mundial decidiu em 2013 cortar financiamentos de projetos de carvão mesmo em países pobres; em 2017 decidiu deixar de financiar até mesmo projetos de óleo e gás. Esse é o tipo de ação que um vilão do cinema tomaria caso quisesse tornar os pobres mais vulneráveis ao clima.

Em países ricos, até mesmo os pobres já desfrutam de alguma proteção contra chuvas e inundações. Já em países pobres, a prosperidade e o crescimento da economia têm um poder muito maior de diminuir a "vulnerabilidade climática". Cada dólar a mais na renda média resulta em muito menos mortes em desastres climáticos que US$ 1 de crescimento do PIB de países ricos. "Do ponto de vista da justiça, do desenvolvimento econômico e (não por acaso) da resiliência climática, a infraestrutura de combustíveis fósseis provavelmente tem o maior valor nos países mais pobres", diz Nordhaus. E assim chegamos a mais um tiro no pé dos ambientalistas: ao deter o crescimento em nome da mudança climática, eles deixam os pobres mais vulneráveis à mudança climática.

O ambientalista típico não costuma se entusiasmar com os termos "progresso" e "riqueza". Mas deveria. A história recente mostra que é justamente isso que mais protegeu as pessoas contra os caprichos da natureza. Enfrentar uma onda de calor é muito mais difícil num casebre de palha que numa casa de alvenaria com ar-condicionado. Uma enchente é menos traumática quando há sirenes, barragens e, principalmente, renda para reconstruir o que se perdeu. Mas riqueza não é só dinheiro no bolso; é viver cercado de soluções simples e baratas para os seus problemas e necessidades, de modo que mesmo os mais pobres de uma sociedade tenham acesso a abrigo, proteção e conforto.

Esta é a mensagem fundamental deste livro. Construiremos o futuro não com medo, mas com progresso, criatividade e abundância. O melhor que podemos fazer para nos proteger das ameaças e das injustiças do clima é enriquecer – e deixar os outros enriquecerem.

# Notas

1 WROE, Stephen; FIELD, Judith H.; JOHNSON, Christopher N.; BRADSHAW, Corey J. A. "Late-Quaternary megafauna extinctions: patterns, causes, ecological consequences, and implications for ecosystem management in the Anthropocene". *Cambridge Prisms: Extinction*, [S. l.], v. 1, e5, 2024. Disponível em: <https://www.cambridge.org/core/journals/cambridge-prisms-extinction/article/latequaternary-megafauna-extinctions-patterns-causes-ecological-consequences-and-implications-for-ecosystem-management-in-the-anthropocene/E885D8C5C90424254C1C75A61DE9D087>.

2 SMIL, Vaclav. *Energy and Civilization: A History*. Cambridge: MIT Press, 2017, p. 228.

3 Cada quilo do melhor carvão mineral tem 33 megajoules de energia, pouco mais que os 28 megajoules do quilo de carvão vegetal, ver SMIL, 2017.

4 SMIL, Vaclav. *Energy and Civilization: A History*. Cambridge: MIT Press, 2017, p. 209.

5 Ibid., 215.

6 *Transport, urbanization and economic development in England and Wales c.1670-1911*. University of Cambrigde, Campop (Cambrigde Group for the History of Population and Social Structure). Disponível em: < https://www.campop.geog.cam.ac.uk/research/projects/transport/futureplans/coalprices.html#:~:text=The%20slope%20also%20gives%20an,km%20and%20infer%20shipping%20costs>.

7 DOLIN, Eric Jay. *Leviathan: The History of Whaling in America*. 1ª ed. Nova York; Londres: W. W. Norton & Company, 2008, p. 92.

8 Ibid., 368.

9 *John D. Rockefeller and the oil industry*. Foundation for Economic Education (FEE). Disponível em: <https://fee.org/articles/john-d-rockefeller-and-the-oil-industry/>.

10 GATES, Bill. *How to Avoid a Climate Disaster*. Toronto: Alfred A. Knopf, 2021, capítulo 7.

11 *Most sea turtles rebounding worldwide as conservation efforts protect nests and habitat, analysis finds*. NOAA Fisheries. Disponível em: <https://www.fisheries.noaa.gov/feature-story/most-sea-turtles-rebounding-worldwide-conservation-efforts-protect-nests-and-habitat>.

12 HALLIDAY, Stephen. *The Great Stink of London: Sir Joseph Bazalgette and the Cleansing of the Victorian Capital*. Thrupp, Stroud, Gloucestershire: Sutton Publishing, 1999.

13 SMIL, Vaclav. *Energy and Civilization: A History*. Cambridge: MIT Press, 2017, capítulo 3.

14 *Visible Work, Invisible Women: an online photo exhibition*. People's Archive of Rural India. Disponível em: <https://ruralindiaonline.org/article/sainath-womens-work-exhibition>.

15 FRESSOZ, Jean-Baptiste. *More and More and More: An All-Consuming History of Energy*. [S.l.]: Penguin Random House UK, 2024.

16 EPSTEIN, Alex. *Fossil Future: Why Global Human Flourishing Requires More Oil, Coal, and Natural Gas – Not Less*. Nova York: Portfolio/Penguin, 2022.

17 BEHRINGER, Wolfgang. *Witches and Witch-Hunts: A Global History*. 1ª ed. Cambridge: Polity, 2004.

18 TURNER, Ben. "Mass child sacrifices in 15th-century Mexico were a desperate attempt to appease rain god and end devastating drought". *Live Science*, [S.l.], 15 de novembro de 2024. Disponível em: <https://www.livescience.com/archaeology/mass-child-sacrifices-in-15th-century-mexico-were-a-desperate-attempt-to-appease-rain-god-and-end-devastating-drought>.

19 Fala do Senador Jordon Steele-John, disponível em: <https://x.com/SenatorJordon/status/1211914242984534017>.

20 NARLOCH, Leandro. *O mito do ano: "o desmatamento da Amazônia provocou a seca no Sudeste"*. Disponível em: <https://veja.abril.com.br/coluna/cacador-de-mitos/o-mito-do-ano-o-desmatamento-da-amazonia-provocou-a-seca-no-sudeste/>.

21 ZORZETTO, Ricardo. *Uma possível origem das estiagens de verão do Sudeste*. Disponível em: https://revistapesquisa.fapesp.br/uma-possivel-origem-das-estiagens-de-verao-do-sudeste/>.

22 KREIDER, M.R., HIGUERA, P.E., PARKS, S.A. et al. "Fire suppression makes wildfires more severe and accentuates impacts of climate change and fuel accumulation". Nat Commun 15, 2412 (2024). Disponível em: <https://www.nature.com/articles/s41467-024-46702-0#:~:text=Wildfires%20are%20 becoming%20more%20destructive,18%2C%20and%20 ignition%20patterns19>.

23 TALEB, Nassim Nicholas. *Antifrágil: Coisas que se Beneficiam com o Caos*. Tradução de Julia Ferreira. Rio de Janeiro: Objetiva, 2013.

24 BROOKES, G. "Genetically modified (GM) crop use 1996–2020: impacts on carbon emissions". GM Crops & Food, v. 13, nº 1, pp. 242–261, outubro de 2022.

KOVAK, E.; BLAUSTEIN-REJTO, D.; QAIM, M. "Genetically modified crops support climate change mitigation". Trends in Plant Science, v. 27, nº 7, pp. 627–629, julho de 2022.

25 SHELLENBERGER, Michael. *Apocalypse Never: Why Environmental Alarmism Hurts Us All*. Nova York: Harper, 2020.

26 *'Eco' wood burners produce 450 times more pollution than gas heating – report*. The Guardian. Disponível em: <https://www.theguardian.com/environment/2022/dec/08/eco-wood-burners-produce-450-times-more-pollution-than-gas-heating-report#:~:text='Eco'%20wood%20burners%20produce%20450,report%20%7C%20Air%20pollution%20%7C%20The%20Guardian>.

27 *1/3 das estações de esgoto da Região Metropolitana do RJ estão desativadas*. G1. Disponível em: <https://g1.globo.com/rj/rio-de-janeiro/noticia/2020/07/20/13-das-estacoes-de-esgoto-da-regiao-metropolitana-do-rj-estao-desativadas.ghtml>.

28 GLAESER, Edward L. *Triumph of the City: How our Greatest Invention Makes Us Richer, Smarter, Greener, Healthier, and Happier*. Nova York: The Penguin Press, 2011.

29 HICKEL, Jason. *Clean energy won't save us – only a new economic system can*. The Guardian. Disponível em: <https://www.theguardian.com/global-development-professionals-network/2016/jul/15/clean-energy-wont-save-us-economic-system-can>.

30 *Sailing team to fly 2 crew to US to bring Thunberg boat back*. AP News. Disponível em: <https://apnews.com/general-news-be12be49011743daaa3646edb0de0b61>.

31 INSTITUTO SOCIOAMBIENTAL (ISA). "Como Atuamos". Disponível em: <https://www.socioambiental.org/como-atuamos>.

32 MAFRA, Erich Thomas. "Conheça os dez municípios com piores níveis de desenvolvimento do Brasil". *Gazeta do Povo*, 20 de maio de 2025. Disponível em: <https://www.gazetadopovo.com.br/brasil/conheca-municipios-piores-niveis-desenvolvimento-brasil/>.

33 *Ranking do Saneamento 2024*. Instituto Trata Brasil. Disponível em: <https://tratabrasil.org.br/ranking-do-saneamento-2024>.

34 *World's Dumbest Energy Policy*. WSJ. Disponível em: <https://www.wsj.com/articles/worlds-dumbest-energy-policy-11548807424>.

35 RODRIGUES, Caíque. "Roraima está entre os estados mais dependentes de fontes poluentes para geração de energia", diz estudo. g1 RR, Boa Vista. Disponível em: <https://g1.globo.com/rr/roraima/noticia/2025/05/14/roraima-esta-entre-os-estados-mais-dependentes-de-fontes-poluentes-para-geracao-de-energia-diz-estudo.ghtml>.

36 *Costly climate rules are turning Germans away from the Greens*. The Economist. Disponível em: <https://www.economist.com/europe/2023/06/08/costly-climate-rules-are-turning-germans-away-from-the-greens>.

37 *Two in three Germans reject lower standard of living to protect the environment – survey*. Clean Energy Wire. Disponível em: <https://www.cleanenergywire.org/news/two-three-germans-reject-lower-standard-living-protect-environment-survey>.

38 *Bioeconomy for the Amazon: concepts, limits, and trends for a proper definition of the tropical forest biome*. WRI Brasil. Disponível em: <https://www.wribrasil.org.br/sites/default/files/2022-07/NEA-BR_Bioeconomy_EN.pdf>.

39 NOGUEIRA, Mauro R. *O Brasileiro não É Viável: Uma Avaliação Diferente da Realidade Nacional*. Rio de Janeiro: Nova Fronteira, 1984, p. 167.

40 INSTITUTO BRASILEIRO DE GEOGRAFIA E ESTATÍSTICA (IBGE). "Produção da Extração Vegetal e da Silvicultura 2023 PEVS". IBGE, 2024. Disponível em: <https://biblioteca.ibge.gov.br/visualizacao/periodicos/74/pevs_2023_v38_informativo.pdf>. Página 7.

41 Ibid.

42 Transmissão em vídeo da Coalização Brasil: clima, florestas e agricultura. IBGE: Espelho da bioeconomia do Brasil. Disponível em: <https://www.youtube.com/watch?v=km1oHrmKeZk>.

43 PORRO, Roberto. "A economia invisível do babaçu e sua importância para meios de vida em comunidades agroextrativistas = The invisible babassu economy and its importance for livelihoods in agro-extractivist communities". Boletim do Museu Paraense Emílio Goeldi. Ciências Humanas, Belém, v. 14, n° 1, pp. 169–188, janeiro-abril de 2019.

44 *Fornecendo financiamento climático a nível local: o Fundo Babaçu.* International Institute for Environment and Development (iied). Disponível em: <https://www.iied.org/pt-br/delivering-climate-finance-local-level-babacu-fund>.

45 VARGAS, Daniel; MINEV, Denis. "Amazônia: para preservar, a Amazônia precisa se desenvolver". *O Estado de S. Paulo*, São Paulo, 20 de julho de 2021.

46 PIVETTA, Marcos. "Amazônia produz 8% do metano do planeta: áreas alagadas ainda liberam maior parte do gás do bioma, mas avanço da pecuária e das queimadas estimula emissões associadas à ocupação humana". Pesquisa FAPESP, São Paulo, n° 312, fevereiro de 2022.

47 GAUCI, Vincent *et al.* "Non-flooded riparian Amazon trees are a regionally significant methane source". Philosophical Transactions of the Royal Society A: Mathematical, Physical and Engineering Sciences, v. 380, n. 2215, 24 de janeiro de 2022.

48 *MAPBIOMAS.* "91,6% da área garimpada no Brasil ficam no bioma Amazônia". MapBiomas, 2025. Disponível em: <https://brasil.mapbiomas.org/2022/09/23/916-da-area-garimpada-no-brasil-ficam-no-bioma-amazonia/>.

49 Os dados da economia do Pará são do "Relatório PIB do Pará 2021". Disponível em: <https://www.fapespa.pa.gov.br/wp-content/uploads/2024/02/Relatorio-PIB-do-Para-2021.pdf>.

50 Sim, há uma pegadinha nessa conta: a agropecuária pode usar a mesma área por tempo indefinido, enquanto a mineração esgota os recursos em alguns anos ou décadas e precisa avançar para outra região. Por outro lado, a área já explorada pode ser recuperada e voltar a abrigar florestas.

51 INSTITUTO DE PESQUISA AMBIENTAL DA AMAZÔNIA (IPAM). "Amazônia tem mais de 80 mil pontos de garimpo, diz nota técnica do IPAM". IPAM, 26 de abril de 2024. Disponível em: <https://ipam.org.br/amazonia-tem-mais-de-80-mil-pontos-de-garimpo-diz-nota-tecnica-do-ipam/>.

52 *MAPBIOMAS.* "91,6% da área garimpada no Brasil ficam no bioma Amazônia". MapBiomas, 2025. Disponível em: <https://brasil.mapbiomas.org/2022/09/23/916-da-area-garimpada-no-brasil-ficam-no-bioma-amazonia/>.

53 *Deixem o indígena brasileiro trabalhar.* Folha de S.Paulo, Opinião, 16 de abril de 2022. Disponível em: <https://www1.folha.uol.com.br/opiniao/2022/04/deixem-o-indigena-brasileiro-trabalhar.shtml>.

54 OLIVEIRA, Gesner; FERREIRA, Artur Villela. *Nem Negacionismo, Nem Apocalipse: Economia do Meio Ambiente, Uma Perspectiva Brasileira.* São Paulo: Bei, 2021.

55 MADEIRO, Carlos. "Pecuária responde por 75% do desmatamento em terras públicas da Amazônia". *UOL*, Maceió, 27 de outubro de 2021. Disponível em: <https://noticias.uol.com.br/meio-ambiente/ultimas-noticias/redacao/2021/10/27/amazonia-87-do-desmate-em-terras-publicas-ocorreu-em-areas-nao-destinadas.htm>.

56 *Amazônia: O que ameaça a floresta em cada um de seus 9 países?.* BBC News Brasil. Disponível em: <https://www.bbc.com/portuguese/brasil-51377232>.

57 ENVIRONMENT AGENCY (UK). "Lifecycle assessment of supermarket carrier bags: report SC030148". Bristol: Environment Agency, 2011. Disponível em: <https://assets.publishing.service.gov.uk/government/uploads/system/uploads/attachment_data/file/291023/scho0711buan-e-e.pdf>.

58 UNITED NATIONS ENVIRONMENT PROGRAMME. "Single-use plastic bags and their alternatives: recommendations from life cycle assessments". Nairóbi: UNEP, 2020. Disponível em: <https://www.lifecycleinitiative.org/wp-content/uploads/2020/03/Single-use-plastic-bags-and-alternatives-Recommendations-from-LCA-final.pdf>.

59 Ministry of Environment and Food of Denmark. "Environmental and resource efficiency of the use of water in the food sector". Copenhagen: The Danish Environmental Protection Agency, 2018. Disponível em: <https://www2.mst.dk/Udgiv/publications/2018/02/978-87-93614-73-4.pdf>.

60 GAHLMAN, Anna *et al.* "Climate impact of plastics". McKinsey & Company, 2022. Disponível em: <https://www.mckinsey.com/industries/chemicals/our-insights/climate-impact-of-plastics>.

61 Veja os links dos produtos comparados: <https://www.amazon.com/dp/B088MLQC2G> e <https://www.amazon.com/dp/B07QQF9XP7>.

62 LILIAN, Scovian. *The toughest plastic bag ban is failing: A tale of smugglers, dumps and dying goats.* NPR. Disponível em: <https://www.npr.org/sections/goatsandsoda/2023/08/09/1190211814/the-toughest-plastic-bag-ban-is-failing-a-tale-of-smugglers-dumps-and-dying-goat>.

63 ANTHONY, Nathan *et al.* "Environmental impact of disposable and reusable cups: a life cycle assessment study". *International Journal of Life Cycle Assessment,* [S.l.], v. 27, pp. 677–694, 2022. Disponível em: <https://www.ncbi.nlm.nih.gov/pmc/articles/PMC8897272/>.

PEREIRA, Luís; TOSTO, Vagner T.; DIAS, Daniel F. "Life cycle assessment of drinking straws: Comparing environmental performance of PLA, stainless steel and single-use plastic straws". *Journal of Cleaner Production*, v. 278, 2021. Disponível em: <https://www.sciencedirect.com/science/article/abs/pii/S0959652620331152>.

64 RITCHIE, Hannah. *Não é o fim do mundo:* Fatos surpreendentes, mitos perigosos e soluções promissoras para o futuro do nosso planeta. São Paulo: Faro Editorial, 2025.

65 MOHAMED NOR NH; KOOI M; DIEPENS NJ; KOELMANS AA. "Lifetime Accumulation of Microplastic in Children and Adults". Environ Sci Technol. Disponível em: <https://pmc.ncbi.nlm.nih.gov/articles/PMC8154366/>.

66 ALBERGHINI L; TRUANT A; SANTONICOLA S; COLAVITA G; GIACCONE V. "Microplastics in Fish and Fishery Products and Risks for Human Health: A Review". Int J Environ Res Public Health. Disponível em: https://pmc.ncbi.nlm.nih.gov/articles/PMC9819327/>.

67 JABEEN, Fatima *et al.* "Ingestion, egestion and neurotoxicological effects of polyethylene microplastics in freshwater fish *Danio rerio*". *Scientific Reports*, [s.l.], v. 10, nº 1, pp. 1–15, 2020. DOI: 10.1038/s41598-020-69062-3. Disponível em: <https://www.nature.com/articles/s41598-020-69062-3>.

68 MOHAMED NOR NH, KOOI M, DIEPENS NJ, KOELMANS AA. "Lifetime Accumulation of Microplastic in Children and Adults". Environ Sci Technol. 2021 Apr 20;55(8):5084-5096. doi: 10.1021/acs.est.0c07384. Disponível em: <https://pubmed.ncbi.nlm.nih.gov/33724830/>..

69 PLETZ, Martin. "Ingested microplastics: Do humans eat one credit card per week?" Journal of Hazardous Materials Letters. Disponível em: <https://www.sciencedirect.com/science/article/pii/S2666911022000247#bib9>.

70 FRAYER, Lauren. India pledges net-zero emissions by 2070 — but also wants to expand coal mining. NPR, 3 nov. 2021. Disponível em: <https://www.npr.org/2021/11/03/1051805674/modi-india-cop26-coal-renewable-energy>.

71 *OUR WORLD IN DATA*. "Energy: India". [s.l.], [s.d.]. Disponível em: <https://ourworldindata.org/energy/country/india>.

72 PRESS INFORMATION BUREAU. "India's coal production touches historic 1 Billion Tonne milestone". Governo da Índia, 20 de março de 2025. Disponível em: <https://www.pib.gov.in/PressReleasePage.aspx?PRID=2118788>.

73 PRESS INFORMATION BUREAU. "India's coal production increases by 11.70 % in april 2024–february 2025". Governo da Índia, 7 de março de 2025. Disponível em: <https://www.pib.gov.in/PressReleasePage.aspx?PRID=2113669>.

74 MINISTRY OF COAL. "Production and supplies". Governo da Índia, [s.l.], [s.d.]. Disponível em: <https://coal.gov.in/major-statistics/production-and-supplies>.

75 HARWICK, Cameron. "Worry about piety contests, not 'virtue signaling'. Quillette, 12 de dezembro de 2017. Disponível em: <https://quillette.com/2017/12/12/worry-piety-contests-not-virtue-signaling/>.

76 PABON, John. "Greenwashing in the Desert". [s.l.], 4 dez. 2023. Disponível em: <https://www.johnpabon.com/post/greenwashing-in-the-desert>.

77 ROWLATT, Justin. "COP29 chief exec filmed promoting fossil fuel deals". *BBC News*, 8 de novembro de 2024. Disponível em: <https://www.bbc.com/news/articles/crmzvdn9e18o>.

78 ROWLATT, Justin. "UAE planned to use COP28 climate talks to make oil deals". *BBC News*, 27 de novembro de 2023. Disponível em: <https://www.bbc.com/news/science-environment-67508331>.

79 *How COP transformed from a climate champion to a pointless indulgence.* The Telegraph, 28 de novembro de 2023. Disponível em: <https://www.telegraph.co.uk/environment/2023/11/28/cop28-climate-change-conference-united-nations-challenges/>.

80 DAVIDE, Marinella; CAMPAGNOLO, Lorenza. "Exploring the political feasibility of a prospective climate agreement: the role of co-benefits". World Development, v. 115, p. 246–260, jul. 2019. Disponível em: <https://www.sciencedirect.com/science/article/abs/pii/S0305750X19301299?via%3Dihub>.

81 KENCH, P.S., FORD, M.R. & OWEN, S.D. Patterns of island change and persistence offer alternate adaptation pathways for atoll nations. Nat Commun 9, 605 (2018). Disponível em: <https://www.nature.com/articles/s41467-018-02954-1>.

82 ZHONG, Raymond. *The Vanishing Islands That Failed to Vanish.* The New York Times. Disponível em: <https://www.nytimes.com/interactive/2024/06/26/climate/maldives-islands-climate-change.html>.

83 STOLZOFF, Simone. *This Pacific island country is disappearing. What happens next?* National Geographic. Disponível em: <https://www.nationalgeographic.com/environment/article/tuvalu-islands-sea-level-rise-climate-change>.

84 LETRA, Leda. *Mulheres e crianças têm 14 vezes mais chances de morrer em desastres.* ONU News. Disponível em: <https://news.un.org/pt/story/2015/10/1530121>..

85 *Why women are key to climate action.* United Nations. Disponível em: <https://www.un.org/en/climatechange/science/climate-issues/women>.

86 PIELKE JR., Roger. Climate Misinformation from the United Nations. Disponível em: <https://rogerpielkejr.substack.com/p/climate-misinformation-from-the-united?utm_source=post-email-title&publication_id=119454&post_id=158437524&utm_campaign=email-post-title&isFreemail=true&r=6o57m&token=eyJ1c2VyX2lkIjoxMTIwNDE5NCwicG9zdF9pZCI6MTU4NDM3NTI0LCJpYXQiOjE3NDExOTI0NTksImV4cCI6MTc0Mzc4NDQ1OSwiaXNzIjoicHViLTExOTQ1NCIsInN1YiI6InBvc3QtcmVhY3Rpb24ifQ.l0MnQ_C1lr7hrnB8Zy0aP3rKsUBfZFu0DlrgPk_nek0&triedRedirect=true>.

87 DART, Tom. Climate crisis causing more home runs in baseball, study suggests. The Guardian. Disponível em: <https://www.theguardian.com/environment/2023/apr/07/climate-crisis-more-home-runs-baseball-study#:~:text=They%20found%20that%20between%202010,runs%20a%20season%2C%20they%20said>.

88 LARSON, Vicki. *Is Climate Change Hurting Our Relationships?* Greater Good Magazine. Disponível em: <https://greatergood.berkeley.edu/article/item/is_climate_change_hurting_our_relationships>.

89 *Cientistas associam terremotos às mudanças climáticas.* Veja Online. Disponível em: <https://veja.abril.com.br/ciencia/cientistas-associam-terremotos-as-mudancas-climaticas/>.

90 *Mudanças climáticas podem causar escassez de cerveja.* Revista Exame. Disponível em: <https://exame.com/ciencia/mudancas-climaticas-podem-causar-escassez-de-cerveja>.

91 PIELKE JR., Roger. How to be a smart consumer of climate attribution claims. Disponível em: <https://rogerpielkejr.substack.com/p/how-to-be-a-smart-consumer-of-climate>.

92 AR6, Intergovernmental Panel on Climate Change (IPCC), 2023, p. 1.612.

93 AR6, Climate Change, Intergovernmental Panel on Climate Change (IPCC), 2022. Disponível em: <https://www.ipcc.ch/report/ar6/wg2/downloads/report/IPCC_AR6_WGII_TechnicalSummary.pdf>.

94 BRESSLER, R. Daniel. The mortality cost of carbon. Nature Communications. Disponível em: <https://www.nature.com/articles/s41467-021-24487-w>.

95 RITCHIE, Hannah. *Climate change will have very unequal impacts, with fewer deaths at higher latitudes but increased heatwave deaths across the tropics.* OurWorldinData.org. Disponível em: <https://ourworldindata.org/part-two-how-many-people-die-from-extreme-temperatures-and-how-could-this-change-in-the-future>..

96 SHELLENBERGER, Michael. *Apocalypse Never.* NY: HarperCollins, 2020.

97 ALIMONTI, Gianluca; MARIANI, Luigi. *Is the number of global natural disasters increasing?* Disponível em: <https://www.tandfonline.com/doi/full/10.1080/17477891.2023.2239807>.

98 *Economic damages from disasters as a share of GDP, World, 1960 to 2022.* Our World in Data. Disponível em: <https://ourworldindata.org/grapher/economic-damages-from-natural-disasters-as-a-share-of-gdp>.

99 PIELKE JR., Roger. *RIP NOAA's Billion Dollar Disasters.* Disponível em: https://rogerpielkejr.substack.com/p/rip-noaas-billion-dollar-disasters?utm_source=post-email-title&publication_id=119454&post_id=163150233&utm_campaign=email-post-title&isFreemail=true&r=6o57m&triedRedirect=true&utm_medium=email>.

100 RITCHIE, Hannah; ROSADO, Pablo; ROSER, Max (2023). *Agricultural Production.* OurWorldinData.org. Disponível em: <https://ourworldindata.org/agricultural-production>.

101 ORGANIZAÇÃO DAS NAÇÕES UNIDAS PARA A ALIMENTAÇÃO E AGRICULTURA (FAO). *2021: The impact of disasters and crises on agriculture and food security.* Disponível em: <https://openknowledge.fao.org/server/api/core/bitstreams/30c0d98d-1c21-48ef-b5d9-8d988e6fa6f2/content>.

102 RITCHIE, Hannah; ROSADO, Pablo; ROSER, Max (2023). *Agricultural Production.* OurWorldinData.org. Disponível em: <https://ourworldindata.org/agricultural-production>.

103 ATES, Aaron M. *Inflation-adjusted price indices for corn, wheat, and soybeans show long-term declines.* USDA. Disponível em: <https://www.ers.usda.gov/data-products/chart-gallery/chart-detail?chartId=76964>.

104 *Long-term global prices of food commodities.* Our World in Data. Disponível em: <https://ourworldindata.org/grapher/long-term-prices-food?time=2009..latest>.

105 ORGANIZAÇÃO DAS NAÇÕES UNIDAS PARA A ALIMENTAÇÃO E AGRICULTURA (FAO). *Climate Change and Food Security.* Disponível em: <https://www.fao.org/climatechange/16606-05afe43bd276dae0f7461e8b9003cb79.pdf>.

106 *Aquaculture production.* Our World in Data. Disponível em: <https://ourworldindata.org/grapher/aquaculture-farmed-fish-production?time=2008..latest>.

107 SCHLENKER, Wolfram; ROBERTS, Michael J. *Nonlinear temperature effects indicate severe damages to U.S. crop yields under climate change.* PNAS. Disponível em: <https://www.pnas.org/doi/abs/10.1073/pnas.0906865106>.

108 RITCHIE, Hannah; ROSADO, Pablo; ROSER, Max (2023). *Agricultural Production.* OurWorldinData.org. Disponível em: <https://ourworldindata.org/agricultural-production>.

109 BORENSTEIN, Seth; KEATEN, Jamey. *UN climate chief presses for faster action, says humans have 2 years left 'to save the world'.* AP News. Disponível em: <https://apnews.com/article/climate-change-finance-un-elections-stiell-0b176237b1e4a78d28d5dbcbbf7809f0>.

110 SPIELMANN, Peter James. *U.N. predicts disaster if global warming not checked.* AP News. Disponível em: <https://apnews.com/article/bd45c372caf118ec99964ea547880cd0>.

111 *Human-caused ocean warming has intensified recent hurricanes.* IOP Publishing. Disponível em: <https://iop.altmetric.com/details/170886193#score>.

112 *Global Warming and Hurricanes: An Overview of Current Research Results.* NOAA/GFDL. Disponível em: <https://www.gfdl.noaa.gov/global-warming-and-hurricanes/>.

113 BROWN, Patrick. *Do Climate Attribution Studies Tell the Full Story?* The ECOModernist. Disponível em: <https://www.breakthroughjournal.org/p/do-climate-attribution-studies-tell?utm_source=post-email-title&publication_id=2392380&post_id=154352369&utm_campaign=email-post-title&isFreemail=true&r=6o57m&triedRedirect=true>.

114 PIELKE JR., Roger. Weather Attribution Alchemy. Disponível em: <https://rogerpielkejr.substack.com/p/weather-attribution-alchemy?utm_source=post-email-title&publication_id=119454&post_id=149917652&utm_campaign=email-post-title&isFreemail=true&r=6o57m&token=eyJ1c2VyX2lkIjoxMTIwNDE5NCwicG-9zdF9pZCI6MTQ5OTE3NjUyLCJpYXQiOjE3MjgzMzY1ODcsImV4cCI6MTczMDkyODU4NywiaXNzIjoicHViLTExOTQ1NCIsInN1YiI6InBvc3QtcmVhY3Rpb24ifQ.nN5IT9SC5Tw626Etsbtr72UrfNdwT7rB5REZzXwByhU&triedRedirect=true>.

115 ALLISON, William. *Lawsuit-Supporting Academic: Attribution Science Was Designed Specifically To Bolster Climate Litigation.* Disponível em: <https://eidclimate.org/lawsuit-supporting-academic-attribution-science-was-designed-specifically-to-bolster-climate-litigation/>.

116 *Key findings from the 2022 American Journalist Study.* The American Journalist. Disponível em: <https://www.theamericanjournalist.org/post/american-journalist-findings>.

117 TOBITT, Charlotte. UK journalists are getting older, more left-wing and increasingly work freelance. PressGazette. Disponível em: <https://pressgazette.co.uk/media-audience-and-business-data/who-are-uk-journalists-2025-age-gender-class-ethnicity-politics/>.

KOMARCHESQUI, Bruna. *Estudo mostra que 80% dos jornalistas brasileiros são de esquerda.* Gazeta do Povo. Disponível em: <https://www.gazetadopovo.com.br/ideias/estudo-mostra-que-80-dos-jornalistas-brasileiros-sao-de-esquerda-entenda/>.

118 ADKINS, Frankie. *Visualising the Great Pacific Garbage Patch.* BBC News. Disponível em: <https://www.bbc.com/future/article/20240115-visualising-the-great-pacific-garbage-patch>.

SNOWDEN, Scott. 300-Mile Swim Through The Great Pacific Garbage Patch Will Collect Data On Plastic Pollution. Forbes. Disponível em: <https://www.forbes.com/sites/scottsnowden/2019/05/30/300-mile-swim-through-the-great-pacific-garbage-patch-will-collect-data-on-plastic-pollution/>.

119 RITCHIE, Hannah. *Não é o fim do mundo:* Fatos surpreendentes, mitos perigosos e soluções promissoras para o futuro do nosso planeta. São Paulo: Faro Editorial, 2025.

120 ERIKSEN M, LEBRETON LCM, CARSON HS, THIEL M, MOORE CJ, BORERRO JC, et al. (2014) Plastic Pollution in the World's Oceans: More than 5 Trillion Plastic Pieces Weighing over 250,000 Tons Afloat at Sea. Disponível em: <https://journals.plos.org/plosone/article?id=10.1371/journal.pone.0111913>.

121 *Where is all the plastic in the ocean?* Vídeo do canal da Universidade da Holanda. Disponível em: <https://www.youtube.com/watch?v=vHbj-fvEip4&t=1s>.

122 SUAREZ, Antonio; FORD, Ericka; VENDITTI, Richard; KELLEY, Stephen; SALONI, Daniel; GONZALEZ, Ronalds. *Is sugarcane-based polyethylene a good alternative to fight climate change?* Journal of Cleaner Production. Disponível em: <https://www.sciencedirect.com/science/article/abs/pii/S0959652623005905>.

*Life cycle inventory of foam polystyrene, paper-based, and pla foodservice products.* The Plastic Foodservice Packaging Group. Disponível em: <https://www.americanchemistry.com/content/download/8065/file/Life-Cycle-Inventoryof-Foam-Polystyrene-Paper-Based-and-PLA-Foodservice-Products.pdf>.

123 PIAO, Z.; AGYEI BOAKYE, A.A.; YAO, Y. *Environmental impacts of biodegradable microplastics.* Nat Chem Eng 1, 661–669 (2024). Disponível em: <https://www.nature.com/articles/s44286-024-00127-0>.

124 GRIMES, William. Seeking the truth in refuse. The New York Times. Disponível em: <https://www.nytimes.com/1992/08/13/nyregion/seeking-the-truth-in-refuse.html>.

125 *Charted: The key countries that trade in global plastic waste.* World Economic Forum. Disponível em: <https://www.weforum.org/stories/2023/03/charted-the-flow-of-global-plastic-waste/>.

126 YEE, Amy. *In Sweden, trash heats homes, powers buses and fuels.* The New York Times. Disponível em: <https://www.nytimes.com/2018/09/21/climate/sweden-garbage-used-for-fuel.html#:~:text=Along%20with%20its%20domestic%20production,use%20an%20available%20fuel%20source>.

127 DENG, Huijing; ZHANG, Dingfan; YU, Huajun; MAN, Yi; WANG, Yutao. *Assessing life-cycle GHG emissions of recycled paper products under imported solid waste ban in China: A case study.* Science of The Total Environment. Disponível em: <https://www.sciencedirect.com/science/article/abs/pii/S0048969723030280>.

128 YOSHIDA, A. *China's ban of imported recyclable waste and its impact on the waste plastic recycling industry in China and Taiwan.* J Mater Cycles Waste. Disponível em: <https://link.springer.com/article/10.1007/s10163-021-01297-2#:~:text=China%20has%20imported%20recyclable%20waste,due%20to%20rapid%20industrial%20development>.

129 *Ditadura empresarial-militar teve recorde de acidentes do trabalho no Brasil.* Fundacentro. Disponível em: <https://www.gov.br/fundacentro/pt-br/comunicacao/noticias/noticias/2024/novembro/ditadura-empresarial-militar-teve-recorde-de-acidentes-do-trabalho-no-brasil#:~:text=Na%20Usina%20Hidrel%C3%A9trica%20de%20Itaipu,estas%20informa%C3%A7%C3%B5es%20estavam%20armazenados%20em>.

130 RITCHIE, Hannah (2017). *What was the death toll from Chernobyl and Fukushima?* OurWorldinData.org. Disponível em: <https://ourworldindata.org/what-was-the-death-toll-from-chernobyl-and-fukushima>.

131 RITCHIE, Hannah (2020). *What are the safest and cleanest sources of energy?* OurWorldinData.org. Disponível em: <https://ourworldindata.org/safest-sources-of-energy>.

132 SHELTON, Jon. *German poll: Majority for return to nuclear energy.* DW. Disponível em: <https://www.dw.com/en/german-poll-majority-for-return-to-nuclear-energy/a-72139350>.

133 CHALMERS, Alex. *The bad science behind expensive nuclear.* Works in Progress, issue 19. Disponível em: <https://worksinprogress.co/issue/the-bad-science-behind-expensive-nuclear/>.

134 Idem.

135 *Denmark disappointed after offshore wind tender draws no bids.* Reuters. Disponível em: <https://www.reuters.com/sustainability/climate-energy/denmark-disappointed-after-offshore-wind-tender-draws-no-bids-2024-12-05/>.

RACE, Michael. *No bids for offshore wind in government auction.* BBC News. Disponível em: <https://www.bbc.com/news/business-66749344>.

136 AMELANG, Soren. *Germany's household power prices 5th highest in the world – report.* Clean Energy Wire. Disponível em: <https://www.cleanenergywire.org/news/germanys-household-power-prices-5th-highest-world-report>.

137 EMBLEMSVAG, Jan. *What if Germany had invested in nuclear power? A comparisonbetween the German energy policy the last 20 years and analternative policy of investing in nuclear power.* International Journal Of Sustainable Energy. Disponível em: <https://www.tandfonline.com/doi/epdf/10.1080/14786451.2024.2355642?needAccess=true>.

138 RITCHIE, Hannah; ROSER, Max; ROSADO, Pablo (2022). *Germany: Energy Country Profile.* OurWorldinData.org. Disponível em: <https://ourworldindata.org/energy/country/germany>.

139 NELSON, Mark; CZERWINSKI, Madison. *With Nuclear Instead of Renewables, California & Germany Would Already Have 100% Clean Electricity.* Environmental Progress. Disponível em: <https://environmentalprogress.org/big-news/2018/9/11/california-and-germany-decarbonization-with-alternative-energy-investments?ref=quillette.com>.

140 EMBLEMSVAG, Jan., op. cit.

141 The RIC Report (2023). The nuclear necessity. BofA Securities. Disponível em: <https://advisoranalyst.com/wp-content/uploads/2023/05/bofa-the-ric-report-the-nuclear-necessity-20230509.pdf>.

142 Considerando que 1 hectare rende milho suficiente para 2.500 litros de etanol; e o de cana, 7 mil litros por hectare. Ver:

PEDUZZI, Pedro. *Conab: produção de etanol a partir do milho é tendência cada vez maior.* Agência Brasil. Disponível em: <https://agenciabrasil.ebc.com.br/economia/noticia/2019-05/producao-de-etanol-partir-do-milho-e-tendencia-maior-diz-conab>.

AGÊNCIA EMBRAPA DE INFORMAÇÃO TECNOLÓGICA (Etanol). Disponível em: <https://www.embrapa.br/agencia-de-informacao-tecnologica/cultivos/cana-de-acucar/pos-producao/alcool/tecnologias-emergentes/etanol>.

143 SANT'ANNA, Marcelo. How green is sugarcane ethanol? Rio de Janeiro: FGV, 2019. Disponível em: <https://repositorio.fgv.br/server/api/core/bitstreams/81636f39-e157-4fbf-8dad-6cfbdd5f6c3b/content>.

144 Jadhav, Rajendra. Ethanol push turns India into corn importer, shaking up global market (2024). Disponível em: <https://www.reuters.com/markets/commodities/ethanol-push-turns-india-into-corn-importer-shaking-up-global-market-2024-09-04/>.

145 BLAUSTEIN-REJTO, Dan. Biofuel Policy Is Failing Consumers and the Climate. The Breakthrough Institute. Disponível em: <https://thebreakthrough.org/issues/food-agriculture-environment/biofuel-policy-is-failing-consumers-and-the-climate>.

146 Portal de Informações Agropecuárias. Conab. Disponível em: <https://portaldeinformacoes.conab.gov.br/safra-serie-historica-graos.html>.

147 COPAGRIL. Histórico de preços, 2025. Disponível em: <https://www.copagril.com.br/historico-de-precos/2025> e https://www3.bcb.gov.br/CALCIDADAO/publico/exibirFormCorrecaoValores.do?method=exibirFormCorrecaoValores

148 ONU. *10 facts about climate justice.* Disponível em: <https://fn.se/wp-content/uploads/2024/09/10-Facts-About-Climate-Justice.pdf>.

149 Climate justice means migrant justice. Climate Justice Coalition. Disponível em: <https://climatejustice.uk/migrantjustice/intersecting-justice/>.

150 WORLD ECONOMIC FORUM. "Climate justice: why the new 'loss and damage' fund is a step towards equity". 04 de dezembro de 2023. Disponível em: <https://www.weforum.org/stories/2023/12/climate-justice-loss-damage-fund-cop28/>.

151 World's Youth for Climate Justice. *Our Principles & Commitments.* Disponível em: <https://www.wy4cj.org/our-principles>.

152 GALDINO, Mariana; DE PAULA, Mariana. *COP30: por uma justiça climática interseccional.* NEXO Jornal. Disponível em: <https://pp.nexojornal.com.br/ponto-de-vista/2025/07/11/cop-30-por-uma-justica-climatica-interseccional>.

153 RITCHIE, Hannah; ROSER, Max (2020). *$CO_2$ emissions.* OurWorldinData.org. Disponível em: <https://ourworldindata.org/co2-emissions>.

154 RITCHIE, Hannah. *China uses as much cement in two years as the US did over the entire 20th century.* Sustainability by numbers. Disponível em: <https://www.sustainabilitybynumbers.com/p/china-us-cement>.

155 MISHRA, Vimal; SINGH, Deepti; et al. "The shifting relationship between drought and mortality in India". Geophysical Research Letters, [S. l.], v. 45, nº 22, pp. 12, 311–12, 320, 2018. Disponível em: <https://agupubs.onlinelibrary.wiley.com/doi/full/10.1029/2018GL081477>.

156 *What next? – Transition statement.* Climate Justice Coalition. Disponível em: <https://climatejustice.uk/what-next-transition-statement/>.

157 MEIGS, James B. *The Big Squeeze: How Biden's Environmental Justice Agenda Hurts the Economy and the Environment.* Manhattan Institute. Disponível em: <https://manhattan.institute/article/how-bidens-environmental-justice-agenda-hurts-economy-and-environment>.

158 WALL STREET JOURNAL. "How climate justice bucks are spent". Disponível em: <https://www.wsj.com/opinion/inflation-reduction-act-climate-justice-alliance-taxpayer-dollars-epa-palestine-4c345171>.

159 KOCH, Nicolas; HOPPE, Janna; BERTRAM, Christoph; et al. "Effectiveness of climate policy instruments: Evidence from the OECD". Science, Washington, D.C., v. 385, nº 6.653, pp. 590–595, 23 de agosto de 2024. Disponível em: <https://www.science.org/doi/10.1126/science.adl6547>.

160 COLLINS, Leigh. *German authorities threaten to pull the plug on world's second hydrogen-only rail line.* Hydrogen Insight. Disponível em: <https://www.hydrogeninsight.com/transport/fundamentally-unreliable-german-authorities-threaten-to-pull-the-plug-on-worlds-second-hydrogen-only-rail-line/2-1-1719331>.

161 Net zero é o compromisso de reduzir as emissões de gases de efeito estufa na atmosfera. A expressão completa é "net zero carbon emissions" (zero emissões líquidas de carbono, em tradução livre). Trata-se de um acerto de contas da humanidade com o planeta Terra envolvendo indivíduos, empresas e governos. O objetivo é frear o acelerado processo de aquecimento global em que embarcamos a partir da industrialização, em meados do século XVIII. Leia sobre o assunto em <https://ideiasustentavel.com.br/glossario-o-que-e-net-zero-compromisso-zerar-emissoes/>.

162 NORDHAUS, Ted. Don't Set Your Money On Fire. The ECOModernist. Disponível em: <https://www.breakthroughjournal.org/p/dont-set-your-money-on-fire?utm_source=post-email-title&publication_id=2392380&post_id=163157321&utm_campaign=email-post-title&isFreemail=true&r=6o57m&triedRedirect=true&utm_medium=email>.

163 DEMSAS, Jerusalem. *The culture war tearing American environmentalism apart.* The Atlantic. Disponível em: <https://www.theatlantic.com/ideas/archive/2024/01/housing-shortage-minneapolis-environmentalism/677165/>.

CAMPANHA

FiqueSabendo

Há um grande número de pessoas vivendo com HIV e hepatites virais que não se trata. Gratuito e sigiloso, fazer o teste de HIV e hepatite é mais rápido do que ler um livro.

FAÇA O TESTE. NÃO FIQUE NA DÚVIDA!

AVIS RARA

ESTA OBRA FOI IMPRESSA
EM SETEMBRO DE 2025